"十三五"职业教育规划教材

 高职高专旅游专业"互联网+"创新规划教材

会展营销(第2版)

主　编　谢红芹
副主编　曲大龙　董晓琳　徐　静
参　编　刘志平　李丽新　徐义松

内 容 简 介

本书为全国高职高专旅游系列规划教材,旨在介绍会展营销的方法和技巧,以理论联系实际为本书特色。

本书共分八章分别为走近营销、了解市场、认识产品、宣传推广、销售技巧、会议营销、展览会营销和节事营销,深入浅出地对会展营销知识进行了讲述。

本书涉及面广、实用性强,既可作为高职高专院校旅游管理相关专业教材,也可作为会展高级管理人才的培训用书,还可作为旅游管理专业自学考试人员的辅导资料。

图书在版编目(CIP)数据

会展营销/谢红芹主编. —2版. —北京:北京大学出版社,2017.4
(高职高专旅游专业"互联网+"创新规划教材)
ISBN 978-7-301-28186-4

Ⅰ. ①会… Ⅱ. ①谢… Ⅲ. ①展览会—市场营销学—高等职业教育—教材 Ⅳ. ①G245

中国版本图书馆 CIP 数据核字(2017)第 052526 号

书　　名	会展营销(第2版)
	HUIZHAN YINGXIAO
著作责任者	谢红芹　主编
策划编辑	刘国明
责任编辑	翟　源
数字编辑	陈颖颖
标准书号	ISBN 978-7-301-28186-4
出版发行	北京大学出版社
地　　址	北京市海淀区成府路205号　100871
网　　址	http://www.pup.cn　新浪微博:@北京大学出版社
电子信箱	pup_6@163.com
电　　话	邮购部 62752015　发行部 62750672　编辑部 62750667
印刷者	天津和萱印刷有限公司
经销者	新华书店
	787毫米×1092毫米　16开本　11.75印张　270千字
	2013年6月第1版
	2017年4月第2版　2025年6月第4次印刷
定　　价	28.00元

未经许可,不得以任何方式复制或抄袭本书之部分或全部内容。
版权所有,侵权必究
举报电话:010-62752024　电子信箱:fd@pup.pku.edu.cn
图书如有印装质量问题,请与出版部联系,电话:010-62756370

前言 Preface

近年来，我国会展业继续保持良好发展势头。产业规模不断扩大，经济效益明显好转；专业化、国际化、市场化程度进一步提高；标准体系、行业组织建设取得突破性进展；会展设施建设速度加快，大型化趋势更加明显；会展就业人数持续攀升，会展业对经济的带动作用不断增强。2014年，全国共举办了各类展览8009场，同比增长9.4%；展览面积10277万平方米，同比增长4.5%，展会面积增长快于展览项目增长，单位项目规模扩大，展览效益向好。从2008年至2014年无论展览数量还是展览面积，都保持了稳定增长的步伐。综上所述，中外企业对会展人才的需求仍然成持续上升的态势。

随着互联网和移动互联网的大潮来临，每一个传统行业都将被改写，会展业也不例外，基于"互联网+会展"诞生的网络会展正极大地助力会展行业经济提速。本书再版结合了大量新鲜案例及数据，结合新型的知识学习及拓展方法，融入大量的二维码、视频等资料整理编写。在编写过程中，参考了大量的相关教材、著作、论文等，在此作者表示十分感谢。

本书与同类教材相比，有如下几个特点：

第一，教材中用二维码、视频等方法对知识进行补充及拓展。

第二，引用了大量新鲜的案例及数据，突出教材的实用性。为克服理论偏重的缺点，本书中大量运用简单案例，使学生通过案例来理解分析理论知识。

第三，本书将基础营销与专业营销知识区分开来，避免生搬硬套地去添加专业知识。

第四，本书添加了补充知识这一环节，使学生能在一定程度上拓宽知识面。在思考与练习中加入了实训项目，使学生能把学到的知识具体运用到实践中。

第五，本书有效地融"教、学、做"为一体，较好地贯彻了理论实践一体课程的要求与指导思想。

作为一个融入互联网技术的新兴教材，尽管作者在撰写中付出了很多努力，但还有很多地方值得研究。希望广大读者能对此进行批评和提出宝贵的建议。

【资源索引】

1 Chapter 走近营销 1

1.1 基础营销概论/3
1.1.1 市场与市场营销/3
1.1.2 营销人员/9
1.1.3 会展营销产生的背景与研究对象/13

1.2 营销发展/14
1.2.1 市场营销学的起源及发展过程/14
1.2.2 市场营销策略/18

思考与练习/21

2 Chapter 了解市场 22

2.1 市场调研/24
2.1.1 市场调研的含义/24
2.1.2 会展营销调研/24
2.1.3 市场调研方法/26

2.2 市场细分/35
2.2.1 市场细分的概念/36
2.2.2 市场细分的作用/36
2.2.3 市场细分的条件/37
2.2.4 市场细分的因素与标准/38
2.2.5 市场细分的步骤/41
2.2.6 市场细分的方法/42
2.2.7 市场细分的注意事项/43

2.3 市场定位/45
2.3.1 市场定位的分类/45
2.3.2 市场定位的内容/45
2.3.3 市场定位的步骤/47
2.3.4 市场定位的策略/48
2.3.5 市场定位的战略/50
2.3.6 市场定位的原则/51

思考与练习/52

3 Chapter 认识产品 54

3.1 会展产品/57
3.1.1 会展产品的概念/58
3.1.2 会展产品的特征/59
3.1.3 会展产品的策略/60
3.1.4 会展产品的生命周期/62
3.1.5 产品各阶段的营销策略/62

3.2 产品价格/65
3.2.1 价格概述/66
3.2.2 企业制定价格需考虑因素/66
3.2.3 产品价格目标/68
3.2.4 产品定价方法/71

3.2.5 企业定价策略/72
3.3 会展品牌/75
　　3.3.1 会展品牌/76
　　3.3.2 会展品牌的特征/77
思考与练习/78

Chapter 4 宣传推广 /80

4.1 宣传推广概述/82
　　4.1.1 宣传推广工作的重要性/82
　　4.1.2 宣传推广内容的构成要素/83
　　4.1.3 宣传推广工作的流程及内容/84
4.2 广告策略/86
　　4.2.1 广告的定义/86
　　4.2.2 广告的分类/86
4.3 网络营销/88
　　4.3.1 网络营销的定义/88
　　4.3.2 网络营销的现状/88
　　4.3.3 网络营销的理论基础/89
　　4.3.4 网络营销的优点及缺点/89
　　4.3.5 网络营销的特征/90
　　4.3.6 网络营销竞争优势分析/90
　　4.3.7 网络营销竞争原则/91
4.4 公共关系/92
　　4.4.1 公共关系的内涵/93
　　4.4.2 公共关系的特征/93
　　4.4.3 会展活动中的公共关系/94
　　4.4.4 会展活动中公共关系目标/95
思考与练习/98

Chapter 5 销售技巧 /99

5.1 电话营销/100
　　5.1.1 电话营销的含义/100
　　5.1.2 电话营销的礼仪/101
　　5.1.3 电话营销的技巧/102
5.2 人员推销/105
　　5.2.1 人员推销的优势/105
　　5.2.2 人员推销的特点/105
　　5.2.3 人员推销的目的/105
　　5.2.4 人员推销的策略与技巧/106
5.3 直邮推销/108
　　5.3.1 DM推销的起源与发展/108
　　5.3.2 DM推销的目的/109
　　5.3.3 DM推销的特点/109
　　5.3.4 DM的派发形式/109
　　5.3.5 DM推销的发展前景/109
思考与练习/112

Chapter 6 会议营销 /113

6.1 会议营销的认识/115
　　6.1.1 会议营销的主要工作内容/116
　　6.1.2 会议主题/116
　　6.1.3 会议营销的特点/118
6.2 会议营销的宣传/121
6.3 会议的营销策略/124
思考与练习/126

7 Chapter 展览会营销 ■129

7.1 展览会的目标市场定位与策略/132

7.1.1 展览会目标市场的顺向和逆向定位/132
7.1.2 展览会目标市场定位的主要作用/132
7.1.3 展览会目标市场定位的策略/133
7.1.4 展览会目标市场定位信息的传递/133

7.2 展览会主体性营销策略/135

7.2.1 DM 营销策略/136
7.2.2 传真营销策略/138
7.2.3 电话营销策略/139
7.2.4 活动促销策略/142

7.3 展览会整体营销策略/145

7.3.1 整体营销概述/145
7.3.2 展览会整体营销/146

7.4 展览会的营销过程/148

7.4.1 展览会营销的过程/148
7.4.2 展览会营销的注意事项/154

思考与练习/157

8 Chapter 节事营销 ■159

8.1 节事营销的特点及现状/161

8.1.1 节事与节事营销/161
8.1.2 节事活动的内涵/161
8.1.3 节事活动的特征与节事营销的特点/162
8.1.4 节事活动的意义/162
8.1.5 节事活动的现状和存在的问题/163

8.2 节事营销的品牌与品牌竞争/164

8.2.1 节事品牌/164
8.2.2 节事营销品牌竞争战略/164

8.3 节事营销的推介形式与活动创意/167

8.3.1 节事营销的推介形式/167
8.3.2 节事营销的活动创意/170

思考与练习/176

参考文献 ■178

Chapter 1

走近营销

【学习目标】
- 理解营销的基本概念
- 讲述营销发展历史
- 掌握市场营销的观念
- 了解市场营销策略

慕尼黑体育用品及运动时装国际博览会的服务营销

慕尼黑体育用品及运动时装国际博览会(简称ISPO)是当今世界最大的体育用品类国际博览会,展览会每年两届,在德国巴伐利亚州府慕尼黑市举办,至今已举办了60多届,展览会展出面积14万平方米,分设"爱好运动世界""冬季运动世界""健身运动世界""运动时装世界""运动鞋和团体运动世界""自然与户外运动世界""球拍与室内运动世界""儿童与妇女运动世界"及"国际运动世界"等近十个专题。每届展览会都有来自世界上近百个国家的数千家生产及销售企业参展,有近6万余个专业客商到会洽谈,世界上许多著名品牌如"ADIDAS""BENETTON""UMBRO"等都有大面积展出。展览会上展出的产品代表了当今世界运动类产品的最新潮流,因此,许多生产及销售企业都把该展会作为了解信息、改进设计、提高产品质量、培养和扶植名牌产品,把握商机的重要场所,争相参展。

博览会的主办方提供的服务相当的细致和周到,极具便利性,在展览现场,主办方在每个展馆里都专门开辟出一个休闲场地,叫作"ISPOBAR",为参展商和观众提供服务,提供各种饮料与食品。而在展馆之间的通道,则设置了不少整齐的柜台,专门摆放各种参展商的资料,感兴趣的人自然会有效的选择,避免了无效的派发和会后资料满地难以清理的局面。

在一些大的展位现场,基本上都有专门的洽谈区。所有展馆内的背景音乐都是舒缓的,以便于交流与洽谈。

"事实上,办展会就是做好服务,为行业提供交流的平台,如果没有的服务的支撑,展会就无须存在了。"慕尼黑博览会集团的项目总监Peter Knoll先生阐述了他们的办展理念。

案例分析

ISPO的案例充分说明了展会组织者应该如何进行服务营销,有优良的展览现场服务来树立品牌。通过这个案例,请思考:

树立服务营销理念的重要性?会展服务营销应该从哪些方面入手?

服务营销是企业在充分认识满足消费者需求的前提下,为充分满足消费者需要在营销过程中所采取的一系列活动。服务作为一种营销组合要素,真正引起人们重视的是20世纪80年代后期,这时期,由于科学技术的进步和社会生产力的显著提高,产业升级和生产的专业化发展日益加速,一方面使产品的服务含量,即产品的服务密集度日益增大。另一方面,随着劳动生产率的提高,市场转向买方市场,消费者随着收入水平提高,他们的消费需求也逐渐发生变化,需求层次也相应提高,并向多样化方向拓展。

在展会现场对贸易、展示、信息发表、礼仪安保、设备租赁、后勤保障、场地布置等多方面进行全面细致的服务,依据不同的项目有针对性的强调某一服务种类,达到多方面共赢的效果。

1.1 基础营销概论

1.1.1 市场与市场营销

关于市场营销的定义，国内外专家学者从不同的角度曾给予了不同的理解与定论。世界著名的营销大师菲利普·科特勒(Philip Kotler)认为：市场营销是个人或组织通过创造并同他人交换产品以满足他们需求的一种社会性经营管理活动。

1．市场

市场是商品交换顺利进行的条件，是商品流通领域一切商品交换活动的总和。市场是社会分工和商品经济发展的必然产物。同时，市场在其发育和壮大过程中，也推动着社会分工和商品经济的进一步发展。市场通过信息反馈，直接影响着人们生产什么、生产多少、上市时间及产品销售状况等；连接商品经济发展过程中产、供、销各方，为产、供、销各方提供交换场所、交换时间和其他交换条件，以此实现商品生产者、经营者和消费者各自的经济利益。市场是企业服务的对象。从这个意义上看，市场是由人口、购买力、购买欲三个要素构成的。

会展市场

会展市场不仅是会展企业生产经营活动的起点和终点，还是会展企业与外界建立协作关系、竞争关系的传导和媒介，也是会展企业生产经营活动成功与失败的评判者。认识市场、适应市场和巧妙引导市场，是会展企业的经营活动与社会需求协调一致，是会展市场营销活动的核心与关键。

【拓展文本】

会展市场是连接会展活动主办单位、承办单位、参展企业与观众的中心环节，能够灵敏地反映会展经济活动的发展趋势。具体来说，会展市场的概念有以下几种。

(1) 从经济学的角度说：狭义的会展市场是指会展项目举办的各种场所。

(2) 广义的会展市场是指在会展产品交换过程中各种经济现象和经济关系的总和，它包括展览项目所涉及的区域经济、行业发展状况、展览项目的供求状况及竞争状况。

(3) 从市场学角度看会展市场是指在特定的时间、地点与条件下具有购买欲望与支付能力的企业群体即某种会展产品的现实购买者和潜在购买者。这种意义上的会展市场即会展需求市场。我们通常称之为会展客源市场。

2．市场的分类

市场按不同的标准可划分为不同的类型。

按购买者的购买目的和身份划分，市场可分为消费者市场、生产商市场、工业使用者市场或工业市场、转卖者市场、中间商市场、政府市场。

按企业的角色划分，市场可分为购买市场(企业在市场上是购买者，其购买生产要素)和销售市场(企业在市场上是销售者，出售自己的产品)。

按产品或服务供给方的状况(即市场上的竞争状况)划分，市场可分为完全竞争市场、完全垄断市场、垄断竞争市场和寡头垄断市场。

按交易对象的最终用途划分，市场可分为生产资料市场和生活资料市场。

按交易对象是否具有物质实体划分，市场可分为有形产品市场和无形产品市场。

按交易对象的具体内容不同划分，市场可分为商品市场、技术市场、劳动力市场、金融市场和信息市场。

按人口状况划分，市场可分为妇女市场、儿童市场和老年市场等。

按地理标准(空间标准)划分，市场可分为国内市场(北方市场、南方市场、沿海市场等)和国际市场(国别市场和区域市场)。

按市场的时间标准划分，市场可分为现货市场和期货市场。

3．市场营销

市场营销(Marketing)就是商品或服务从生产者手中移交到消费者手中的一种过程，是企业或其他组织以满足消费者需要为中心进行的一系列营销活动。市场营销学是系统地研究市场营销活动规律的一门学科。

通俗地说，市场营销就是做生意，就是企业根据产品而展开的一系列有关的活动，即商品销售出去所要经过的途径和方法。因此，从本质上讲：市场营销是一种商品交换的活动。

4．会展市场营销的主体

会展经济已经成为我国国民经济不可缺少的组成部分，政府、企业等机构都有可能成为会展活动的参与机构。从参与机构的性质来分，会展活动的参与机构主要有政府部门、贸促机构、商会、行业协会、会展企业、参展企业等。

会展市场的参与主体

会展市场的主体包括需求主体和供给主体两部分。会展需求主体一般包括参展商、参会者和观众；会展供给主体涉及的单位比较多，根据所举办展会/会议的性质、规模等不同，有不同的供给主体，而且每一次展会/会议的供给主体也不止一个。除此之外，还有一些为需求和供给搭建中间桥梁的中介，也是会展市场的参与者，也可称为会展主体。具体来说，会展市场参与主体应该有以下几类。

1) 供给方面的参与主体

(1) 政府虽然一般不是会展活动的直接参与者，但是，它对会展市场的运作有着重要意义。

① 会展业是一项综合性产业，对主办地的硬件和软件都有较高的要求。除了最基本的会展场馆之外，还涉及装修、物流、保险、广告、旅游等相关产业以及海关、商检、公安、消防、工商、税务、技术监督、机场、海港、铁路、邮政电信和新闻媒体等相关部门。会展业的这种综合性，从经济学的角度看，就是强大的外部性。一方面，从正的外部性来看，会展业像某些公共产品一样，它使会展业之外的诸多产业和群体受益，如果没有制度和机制保证，受益者就不会从这种正的外部性受益。另一方面，会展业具有负的外部性，如造成交通拥堵、酒店价格攀升(增加其他商务交流的成本)等，客观上影响了其他产业的发展。失败的

会展活动造成的影响远远不限于经济上的损失，同时会对城市的制度、信用、基础设施等经济发展环境的形象造成负面影响。会展业对一个城市来说，不仅是一项经济联动作用显著的产业，而且是一项对社会效益，特别是对城市形象、城市产业结构调整作用较大的产业。因此，会展业的发展，直接关系到城市的全局利益，需要政府的协调。

② 一个城市发展会展业，必须考虑自身的产业结构和优势，如城市基础设施功能、会展场馆基础设施、会展策划和组织人才、交通、技术支持能力等要素，对城市的会展业发展制定确实可行的战略发展规划。这些工作有且只有政府才能完成。

③ 市场发育的基础之一是市场主体的市场化。政府可以按照社会主义市场经济的原则，使城市会展市场主体尽快脱离中间状态，尽快市场化，成为市场竞争的理性主体，培育专业化、公司化会展主体。

④ 会展业对公共产品和服务的需求非常大。在会展活动期间，公安、消防、海关、检疫、邮电等社会资源都需要集中在短时间内达到较大的供给高峰。实际上，政府官员在会展活动中的露面，也是公共服务的一种。会展业最大的公共产品是会展中心。在很多城市，会议展览中心是作为城市基础设施，由政府负责建设，委托专业公司管理的。

⑤ 会展活动总是在一定的地理区域发生的。围绕会展业产业链企业，中介机构、科研教育机构、政府、协会等机构形成了一个分工合作、相互作用的产业网络。这就是会展业产业群。一个成熟的会展业产业群通常包括产业链核心企业(包括会展业直接生产和销售部门)、相关产业部门(为了完成会展活动需要诸多辅助性产品、服务和人员提供商的配合)和支持机构(包括政府主管部门和相关部门)三个方面，会展业在一个城市的集聚和提升过程中，政府应该起到重要的促进作用。

(2) 会展计划者是会展活动的发起人，办何种展览、开何种会议，都由计划者提出，具体的实施再交给专业人士去完成。换句话说，没有会展计划者就没有举办会展的理由，没有理由举办会展，那么，其余的一切都将失去其价值。

(3) 专业会议组织者和展览公司在会展市场的运作中通常起着直接操作与控制的作用。如果说在会展活动中政府一般充当主办者角色，那么，专业会议组织者和展览公司则应该是承办者的角色。由于所扮演的角色不同，使得两者对会展市场的影响不同，前者是间接的影响，后者是直接的影响。

专业会议组织者负责整个会议举办流程，从起草申办、策划、组织、协调和接待，直至会议结束后短期内联络等一些后续服务。会议组织者一般是一个小型公司，在会议业不够发达的地区，一些旅行社作为旅游中介机构，会以商务旅游的名义，与当地一些酒店联合起来，承办一些会议。但多数的旅行社和酒店利用其自身特点，在会议服务中把重点放在会议接待上，形成了一种叫会议操作代理人的专业分工。

展览公司是展览的组织者，它的作用就是寻找某类展览的足够量的买家(专业观众)和卖家(参展商)，把他们组织起来，并给他们提供讨价还价和达成交易的场所(展览场地)。展览公司组织展览，为买卖双方提供交流平台的最终目的，是要获取利润或提高知名度。同时，在组织展览中也会遇到一些问题：展览公司花大量的金钱、时间和精力为展览做准备，准备时间较长，而未来是不可预测的，在较长的准备期里如果出现一些客观原因造成展览被迫取消，展览公司将要为此付出很大的代价。

(4) 目的地管理公司一般是从事后勤管理的机构，包括配套设施及人员的供应、会展服务的提供和管理人才的培养等。很多会展场馆本身就具备这些供应能力，本身就是一个会展管理公司，这样可以利用熟悉会展场馆的优势，把展览过程中的服务及其他做得更好。

2) 需求方面的参与主体

(1) 参展商和会议代表是会展需求的最主要的参与主体，是交易产品的买家。其实，对于参展商而言，参加展览是一项低成本的活动。在展览中，他们可以和客户面对面地进行交流，同时，也可以获取同行业的相关信息，这是一个极好的机会，不用登门拜访也可以收集到最新、最好的行业信息。对于会议代表来说，参加会议可能是他们的一项任务，但是，不管是否出于自愿，会议代表是会议的核心这一事实是不可否认的。会议各方代表带着代表自己组织的观点，在会议上摩擦，达成共识的可能会签订经济合同，不能达成共识的，经过思维的碰撞，也有一定的思想收获。

(2) 观众是会展需求主体的另一部分，分为专业观众和普通观众。他们对会展产生需求的原因多为欲购买参展商的产品；此外，对新产品的欣赏，也构成了观众参与到会展市场中来的原因。

3) 其他中介组织

其他中介组织，或称中介机构，目前看来，通常由一些行业协会来充当。他们可以从多方面参与到会展市场中来，成为会展市场运作中不容忽视的一支生力军。另外，金融机构作为促进和加快会展市场运转的工具，为推动会展市场的发展也起了不可磨灭的作用。

5．会展市场的特点

会展市场是市场体系的组成部分，它除了具有商品市场的一般特征外，还有其独特性，具体表现如下所述。

1) 会展市场的多样性

(1) 会展需求主体的多样性。不像其他一般市场，会展市场需求主体包括两个或两个以上群体，即参展商、与会者和观众等。例如，在展览活动中，会展组织者提供展览场馆设施、公关礼宾、媒体广告等一系列产品或服务，不仅仅是为了满足参展商的需求，还要满足观众这一最终需求主体。

(2) 会展供给主体的多样性。会展产品或服务可以是组织提供，也可以是个人提供。会展供给主体涉及各行各业，如政府、高校、企业等。通常情况下，因会展活动主题性质的不同，会展组织者的身份会有所差异。例如，一些公益性会展活动通常由政府组织，营利性的会展活动一般由会展公司组织。

(3) 会展产品的多样性。会展产品形式多种多样，范围很广，会展产品可以是商品，也可以是公益品；既可以是私人品，也可以是公共品。只要是会展组织者在会展领域提供的商品或服务都可称为会展产品。

2) 会展市场活动的辐射性

会展活动是一种产业关联度极高的综合性经济活动。它的显著特点在于"集中"。会展市场的发展会带动旅游、交通运输、房地产、海关及餐饮等相关产业的发展，具有很强的产业辐射性。会展已被认为是高收入、高盈利的行业，其利润率为20%～25%。据专家估计，展览业的产业带动系数为1∶9，即展览场馆收入1元，相关收入9元。为展览业服务配套的服务业、旅游业、广告业、餐饮业、通信业等行业都将因此受益。

3）会展市场活动的区域性

会展市场活动的区域性是指会展活动组织者应当根据空间位置、资源状况、地理条件等因素条件选择举办地或会展主题。任何经济活动都不可能离开一定的地域资源，会展活动尤其如此。如果没有良好的区位条件，其他条件再优越也不可能使会展活动取得成功。例如，位于热带地区的城市，不可能承办冬季奥运会。另外，若能结合举办地资源特点，有针对性地举办会展活动，将有利于发挥区位优势，培育区域新经济增长点，改善区域产业结构，提高区域经济运行质量。

4）会展市场信息的强集聚性

会展活动是区别于一般经济活动的特色型经济活动。它在确定的时间和地点，进行大规模信息集中，尤其是贸易展会上，能使产品得到充分的宣传、展示，其直观性、艺术性、宣传力得以充分体现，能集合众多的买家和卖家进行相互交流，集中时间、批量购销，既交流了产品又沟通了信息，从而大大降低了经济活动的交易费用。

5）会展产业的绿色生态性

可持续发展是 21 世纪社会发展的基本方向。会展产业不仅被誉为朝阳产业，而且因为是无烟产业、生态产业而备受世界各国或地区的欢迎。会展产业不仅因其产业强辐射性带来可观的经济效益，而且还带来巨大的社会效益和生态效益。

6）会展市场活动时间上的非连续性

一般产品的生产和消费活动在时间上都呈现连续性，为"线状"分布。例如，基本生活资料，几乎每天都生产、消费，而会展产品，一般需要经过前期长时间的筹备而产生，而销售却仅在短短的几天内来实现，在时间上呈现非连续性，为"点状"分布。

6．市场营销观念

市场营销观念是指企业进行经营决策，组织管理市场营销活动的基本指导思想，即企业的经营哲学。它是一种观念、一种态度或一种企业思维方式。市场营销观念是一种"以消费者需求为中心，以市场为出发点"的经营指导思想。营销观念认为，实现组织诸目标的关键在于正确确定目标市场的需要与欲望，并比竞争对手更有效、更有利地传送目标市场所期望满足的东西。营销观念经历了许多变化，见表 1-1。

表 1-1 营销观念的演变

	观　念	时　间	理　念
传统观念	生产观念	20 世纪初	我们生产什么就卖什么
	产品观念	20 世纪二三十年代	只重视产品质量
	推销观念	20 世纪三四十年代	我卖什么，就让顾客买什么
现代观念	市场营销观念	20 世纪 50 年代	以消费者为中心
	社会营销观念	20 世纪 70 年代	考虑消费者和全社会整体利益
	全面营销观念	20 世纪 90 年代	营销的新领域

1）传统观念阶段

传统营销观念有以下几种。

(1) 生产观念——"皇帝的女儿不愁嫁"。20 世纪初,在商品供不应求的卖方市场,生产什么,就卖什么,生产多少,就买多少,生产者根本不用考虑营销问题。

(2) 产品观念——"酒香不怕巷子深"。营销人员主要依靠产品本色的优势来实现营销。消费者欢迎质量最优、性能最好和功能最多的产品,企业致力于制造优良产品并加以改进。

(3) 推销观念——"嫁出去的女儿泼出去的水"只要运用好各种推销技巧就能达成交易。

2) 现代营销观念

(1) 市场营销观念——顾客需要什么,就生产什么。20 世纪 50 年代,社会生产力迅速发展,产品供过于求。人民收入水平提高,产品的选择性增强。

(2) 社会营销观念——考虑消费者及社会的长远利益。20 世纪 70 年代,环境污染破坏了生态平衡,迫使企业营销活动必须考虑消费者及社会的长远利益。

(3) 全面营销观念。全面营销观念认为,营销应该贯穿于"事情的各个方面",而且要有广阔的、统一的视野。全面营销观念的基础是发展、设计和执行营销计划、过程及活动。

全面营销涉及四个方面:整合营销、关系营销、内部营销和社会责任营销。这些营销方式试图认识和协调市场活动的宽广度与复杂性。图 1.1 表现了全面营销观念的相关问题。

【拓展视频】

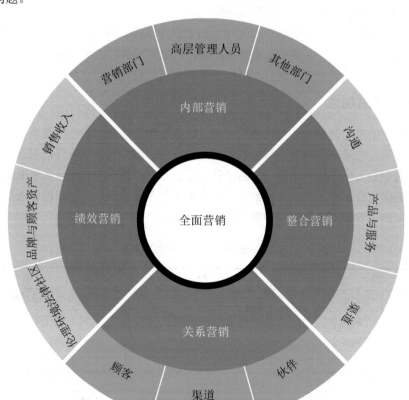

图 1.1 全面营销理论

整合营销是以整合企业内外部资源为手段，重组再造企业的经营行为，充分调动一切积极因素，以实现企业目标的全面、一致化的营销。对于整合要素的研究，一直是学者们关注的问题。例如，20 世纪 50 年代，杰罗姆·麦卡锡(Jerome McCarthy)提出了 4Ps 营销组合理论。1990 年，美国企业营销专家罗伯特·劳特伯恩(Robert Lauterborn)提出了 4C 营销组合理论，4C 即消费者的欲望和需求(Consumer wants and needs)、消费者获取满足的成本(Cost)、消费者购买的方便性(Convenience)，以及企业与消费者的有效沟通(Communication)。1990 年，唐·舒尔茨(Don Schultz)从传播的视角提出了整合营销传播(Integrated Marketing Communication，IMC)理论。2006 年，菲利普·科特勒提出了由供给组合(产品、服务、价格)、促销组合、分销渠道、目标顾客组成的营销组合模式。

关系营销是企业与关键成员(顾客、供应商、分销商)建立长期满意的关系，以保持长期的业务和绩效的活动过程。学者们从不同角度对利益相关的"关系成员"进行了研究，提出了多重关系，并在此基础上提出了营销网络的概念：所有与公司利益攸关者，包括顾客、员工、供应商、分销商、零售商、广告代理人、科学家及其他人所形成的网络。

内部营销是指将雇员当作顾客，将工作当作产品，在满足内部顾客需要的同时实现组织目标。克里斯琴·格罗鲁斯(Christian Gronroos，1981)认为内部营销的目的是"激励雇员，并且使其具有顾客导向观念"，他认为"内部营销还是整合企业不同职能部门的一种工具"。

社会责任营销观念认为营销不仅仅要从微观角度注重消费者利益、企业利益，而且要从宏观角度注重社会利益，注重企业的社会责任。在营销中要遵守法律、法规，注重营销道德，注重对生态环境的保护，注重为所在社区的发展做出贡献。

【拓展视频】

案例 1-1

海尔集团的全员营销

一名罗马尼亚客商到中国参加海尔集团的订货会，在乘坐海尔集团派出的专车车从机场到宾馆的路上，司机观察到他对车上播放的腾格尔演唱的曲目非常感兴趣，于是就买了一张腾格尔歌曲 CD 送给了他。在订货会上，这位客商说："连一个司机都对客户的需求能够做出快速、准确而细致的反应，海尔集团的产品一定好。"这就是海尔集团的全员营销观念在起作用。

1.1.2　营销人员

随着市场经济的深入和经济的全球化进程，现代企业在各方面竞争都十分激烈。企业都更加重视产品的研发、生产和营销问题，而营销则更像企业的龙头，所有的战略规划和实施，都要靠产品的营销来体现。现代企业在管理理念、技术品质等方面与时代接轨的同时，营销方面同样要跟上企业发展的要求和时代的节拍。这就对工作在一线的营销人员提出了更高的要求。

当前，企业的营销人员分为三大类：第一类是企业单位员工转行改做销售的，这类人员没有什么营销方面的专业知识，但是对产品和企业熟悉，同时也熟悉的客户。第二类是企业专门招聘的营销人员，这类人员有一定的营销专业知识与技能，是企业销售骨干。第三类是企业为补充营销队伍而新进的营销专业的毕业生，这类人员虽然有一定的专业知识，但是几乎没有市场与销售的经验，需要企业不断培养与教育的。

对任何的企业而言，销售都是核心、生存的关键，销售不同的产品、面对不同的客户群，市场营销策略当然不同。作为营销人员应该对自己所处的行业、产品以及目标群体有着较好的把握，同时具备良好的营销沟通技巧、较宽的知识面、较强的区域市场考察、评估能力；在项目的判断、对经销商及客户的选择、判断能力；和客户沟通交流、把项目方案说清楚的沟通交流表达能力；获取客户认可最终成交的推销能力；与客户化解矛盾的谈判能力；对客户以及自身负责的管理能力；良好的事故处理和解决因产品质量问题引发的客户纠纷投诉的服务能力；较强的适应销售环境不断变化调整的能力；还要具备抗挫折的能力和不以自我为中心、多为客户着想的移情能力等。

自我管理 的能力	适应能力	学习创新 的能力	学习能力
	抗压能力		领悟能力
	管理能力		创新能力
沟通交流 的能力	交流能力	市场分析 的能力	观察能力
	沟通能力		分析能力
	说服能力		计划能力
	控制能力		决策能力
	观察能力		挑战能力

图 1.2　营销人员应具备的能力

1．现代企业营销人员应具备的能力

【拓展文本】

通过对众多企业的调查研究，我们不难发现，在新时期，企业要想更好地发展，重视营销人员的能力很关键。市场营销不但是一个不断创造满足个人或组织相互需求、价值互换的过程，更是企业、市场、客户三者链接的桥梁，因此作为现代企业的营销人员，不仅要懂得一定的企业管理知识和具备娴熟的市场运作能力，还要掌握客户的各种需求，同时自身多才多艺，能够创造性地拓展销售市场、很好地维系客户。营销人员应具备的能力如下所述。

1) 自我管理的能力

(1) 适应能力是人类的一种基本生存技能。从生物学角度讲，物竞天择，适者生存。一名营销人员，只有具备很好的适应能力，方能在企业内部很好地生存，在企业外部很好地为企业带来利益。从企业的内部角度看，营销人员首先要能够适应企业的内部文化、管理理念、运营方针等，要从内心有一种归属感和认同感。从企业的外部角度看，营销人员要能够适应不断变化的市场环境、不同地区的文化风俗习惯，以及不同客户群体的差异性需求。一线的营销人员通过不断的学习，提高自己适应企业的内外部环境的能力，才能更好地发挥一名营销人才的作用，为企业带来更大利益和客户群。

(2) 抗压能力。销售是企业运营中最具有挑战性的工作。如何获得客户，将自己的产品销售出去，是一项高风险、高收益的工作。它给销售人员带来的压力是十分巨大的。营销人员在工作面临着三座大山：首先是企业的硬性销售指标，其次是销售主管的要求，最后也是最具压力的是客户的态度。如果一名销售人员，不具有较高的抗压能力，不能积极地面对任何一项困难，不能摆正心态，积极向上，是不能成为一名优秀的营销人员的。

(3) 管理能力。成功的营销人员不会把自己当成业务人员，他会认为自己更像是成功的管理人员，肩负着管理渠道、管理客户、管理团队、管理市场等的使命。因此，除了在很好的自我管理基础上，具备良好的管理知识和管理能力也是一名优秀的营销人员所必需的。

2) 沟通交流的能力

(1) 交流的能力。营销的本质就是沟通，沟通的本质就是人与人之间的交际，因此营销就是交际。交际是一门艺术，需要自身的不断积累，并在与他人交流过程中不断修正，所以营销人员的交际能力很重要，其根本是自身修养的提高，是自我的不断完善与发展，是人格魅力的形成与提升。营销人员在具体交际过程中，既要能以对方的利益与需求为出发点，又要能坚持自己的原则，把握应有的尺度。

(2) 沟通能力。一线营销人员几乎每天都要面对不同类型的客户，而且是在不同的场合和环境中，在这些情景里，如何扮演好自身的角色去适应不同环境下的不同客户，怎样跟不同的人打交道，如何高效地解决不同的问题，这都需具备较强的沟通能力。良好的语言沟通能力，是获得他人信任和支持的有效途径，把自己的观念、信念、方案、方法推销给上级、下级和客户是一名成功的销售人员必备素质。销售的实践经验表明：营销中出现的大多数问题，都是因为销售人员与客户之间的交流不畅导致的。我们坚信：世界上没有事情是谈不来的，没有事情是沟通解决不了的。要通过沟通，实现共赢。

(3) 说服能力。说服力，是营销沟通中的关键所在，是促成双方达成交易，完成销售的核心点。没有说服力的交流与表达是毫无价值的。成功的营销人员，必须要具备良好的说服技巧，引导客户达成购买，自愿地形成认同。

(4) 控制能力。营销人员的控制能力主要体现在对客户及营销过程的控制。过程决定结果，在营销中加强对各项影响营销活动及营销人员的过程监控，才会实现预期目标。只有对流程进行了控制，你才能做到"规定的人在规定的时间完成规定的事"，你才能做到"出了问题知道问题出在什么地方、什么时间和什么人身上"，这样才能建立有效的责任体制。

3) 学习创新的能力

(1) 学习能力。营销人员要更快地成长，就必须具备学习的能力。要不断地学习新的知识和技能，不断地提高自身的各方面能力和素质。这样，才能在激烈的市场竞争中立于不败之地，才能为企业不断地提供新的营销策略，为企业不断带来新的订单。

(2) 领悟能力。良好的"悟性"是任何一名优秀的营销人员所必须具备的一个特性。一名优秀的营销人员，不仅要善于观察和分析问题，还要通过悟性，把问题变成机会，进而抓住机会，推动营销的成功率。

(3) 创新能力。市场在变化，客户在发展，营销不是以不变应万变，而是要以客户不断变化的需求为出发点，适应新环境，采用新方法，推销新产品。时代的发展，让营销人员不再能靠"耍嘴皮"赢得生意。销售人员要想自己的产品在激烈的竞争中立于不败之地，那就必须具有创新能力，使自己的产品、渠道、思路、策略等能够个性张扬，脱颖而出。总之，随着竞争的加剧，市场对营销人员的能力要求越来越高，现代企业的营销人员已经从传统的公关型销售发展到技术型和顾问型销售，其自我能力升级的迫切性越来越高。

4）市场分析的能力

(1) 观察能力。灵敏的观察能力是任何一名成功的营销人员所必备的能力。通过敏锐的观察，才能把握一些通过沟通无法得到的信息，才能为自己进一步把握客户的心理以及正确地满足客户需求打下很好的基础。交易是一个互相获取所需的过程，每一个交易主体都是为了特定的利益而从事交易活动的，因此，任何一个参与交易的个体都会尽可能地掩饰自己的真实需求和意图，自己的利益诉求点是不会轻易地显露出来的。客户在与营销人员的沟通中，也会掩饰自己的利益诉求点。这时，就需要营销人员自己观察，真正做到透过现象看本质，以交流为切入点，通过敏锐的观察，真正把握客户的利益诉求点，从而为谈判找到突破口，做到真正意义上的知己知彼。

(2) 分析能力。营销人员在具备敏锐的观察力后，还应该具备良好的分析判断能力。营销人员所面对的客户都是一些比较精明管理者，具有非常丰富的经验，营销人员只有在交流中，不断分析判断对方的观点和想法，才能制定出对策，让对方认可自己的观点，最终达成合作、共赢。

(3) 计划能力。"凡事预则立，不预则废"。营销人员应该注重两个计划：第一是个人的计划——职业规划；第二是工作计划，营销工作的性质往往带有很大的随意性和突发性，因此，没有计划的工作往往容易事倍功半。

(4) 组织能力。营销人员的组织能力表现在两个方面：一是组织会议的能力；二是组织活动的能力。要高效地策划、组织、实施各项活动，需要营销人员掌握并整合有利于活动开展的各项资源，以落实活动的实施。

(5) 决策能力。成功的营销人员善于做正确的事情，而不是把事情做正确，怎么样才能做到"做正确的事"？这主要取决于营销人员的决策、拍板能力。营销管理中强调"预防性的事前管理要比补救性的事后管理重要"，从小的地方进行防范，能更好地提高营销人员的决策能力。

(6) 挑战能力。营销人员应具备对新项目、新客户、新渠道等一系列新鲜事物的应对能力。表现在对新事物敢于承担，乐于创新，勇于实践等。

要现金还是要股票
——观念决定命运

确立正确的观念是市场营销的首要环节，正确的观念包括营销观念、顾客的观念和竞争的观念。

美国有一位叫吉姆斯的富翁，有一次，他打算新建一间仓库，请来了两名建筑工人：戴维和杰克。

戴维和杰克工作很卖力，速度又快，在建仓库的同时还不断提供一些专业性建议，很实用，吉姆斯很欣赏他们，想给他们一个赚钱的机会。仓库盖好后，两人到办公室领工资，吉姆斯对他们说："你们赚钱也很不容易，而且这些钱也不多，现金如果到了你们手中，一定会很快花光的。我可以给你们公司的股票，你们把它作为一种投资，以后还有可能升值，你们的生活质量就可以得到改善了，不知你们是否感兴趣？"

戴维听了，觉得很有道理，心想，虽然现在拿不到现金，但说不定将来能翻几倍，如此妻子和孩子的生活就有保障了，于是当场便答应了。而杰克觉得股票不如现金，立刻就能花，想那么远做什么，反正自己有技术不愁没工作，因此他坚持要领现款。

后来发生了一场金融危机，股票市场受到了震荡，戴维的股票几乎成了废纸，杰克就嘲笑戴维说："如果你当初和我一样选择现金的话，就不会落得今天这种状况。"

戴维说："我不会后悔的，更何况如果度过这场经济危机的话，股市一定还会回升的。"不久之后经济危机过去了，吉姆斯公司的股票又重新坚挺了起来，戴维凭借这些股票，赚了不少钱，还成为吉姆斯公司的一个小股东，并正式在公司担任要职；而杰克的钱早已花光，不得不到外找工作，于是他又来到吉姆斯的公司，接待他的正是戴维。几年后，戴维步入富人的行列，而杰克依旧是一名建筑工人。

营销智慧

故事中的两个人由于观念不同，导致各自命运的不同，可见观念对命运的影响是非常大的。对于企业来说，"观念也是生产力"。市场营销为何有这么大的魅力？又为什么那么深入人心？秘密就在于受市场营销观念的影响和对其的传播，使企业有了能够克敌制胜的思想武器，使经营者有了付诸行动的指南。微软公司当年的营销信念就是"让每个人的桌子上都有一台PC"，正是靠着这样的观念，比尔·盖茨(Bill Gates)使得Windows操作系统遍布世界的每一个角落。

很显然，观念的营销已经成为现代市场竞争的利器，如今，正是观念竞争的时代，观念已日益成为营销管理活动的实质和核心。然而有些企业却还不知道观念为何物，不善于开发观念，也不努力培育观念，更不懂得更新观念，总是墨守成规，这在激烈的市场竞争中是站不住脚的。

世界充满着竞争，如果想获得成功，就不能小看观念在现代市场营销中的作用。事实上，对大多数公司来说，观念是最重要的，同时也是最需要管理的资产。"唯一不变的是变化"，市场经济永远不变的法则是适者生存。

1.1.3　会展营销产生的背景与研究对象

1．会展营销产生的背景

会展营销是伴随着会展产业的不断发展壮大而产生与发展的。会展活动内容的丰富与发展为会展营销的产生创造了必要的条件。

18世纪60年代欧洲工业革命的爆发，大大推动了欧洲经济的发展，会展业也随之产生一系列的变革，同时为会展营销活动的产生奠定了一定的基础。随着科技的不断进步，原有的简单的买卖活动已满足不了企业与行业的发展。工业革命带来的影响使原有展会的形式发生了质的改变。原来的货物交易演变为订单式的样品交易,大大降低了参展商的交易成本,同时也满足了采购商的需求。其标志性的实践就是1894年莱比锡样品博览会。

2. 会展营销的研究对象

1) 会展营销理念

理念决定行为,正确的营销手段和策略来源于正确的营销理念。研究会展营销理念的主要目的是通过介绍不同营销理念对营销工作的影响,帮助会展营销人员树立科学的营销理念。

2) 会展产品和服务

研究会展产品和服务的主要目的是使营销人员清楚地了解会展企业向目标客户"销售什么",了解会展产品和服务与一般实物产品的不同,以及会展组织者向客户收费并获取收益的途径等。

3) 会展宣传与推广

【拓展视频】

会展宣传和推广是营销人员工作的重点,只有通过一定的渠道将会展产品和服务传达给目标客户,并促成目标客户的购买,营销工作才算成功。那么,会展项目营销过程中最常利用的宣传与推广手段主要有哪些?如何使用这些媒介工具才能获得最优的宣传效果?显然,这些都是会展营销人员应该认真研究的问题。

4) 会展产品和服务定价策略

价格是对会展产品和服务价值的货币计量,价格制定的科学与否不仅影响组展商的收益,而且直接影响到会展产品和服务的销售。那么,会展产品和服务的价值是依据什么制定出来的?哪些定价方法和技巧有利于促进会展产品和服务的销售?这些问题是会展产品和服务价格策略中研究的重点。

5) 会展赞助的策划和经营

赞助是会展产品的有机构成部分,赞助收入是组展商的重要收益来源。赞助产品如何设计?目标赞助商如何选择?如何回报赞助商?会展营销人员对这些问题应该了如指掌。

6) 互联网在会展营销中的应用

随着现代信息技术的发展,互联网及新兴科技手段在信息交流和商业贸易等方面的作用日益突出。会展作为一种主要服务于中高层商务人士的社会经济活动,其目标客户是高频率使用互联网的社会群体。会展营销人员可以通过在互联网上发布会展广告、创建展览会网站及收发电子邮件等多种方式,利用网络工具促进会展产品和服务的营销。

1.2 营销发展

1.2.1 市场营销学的起源及发展过程

市场营销学于20世纪初期产生于美国。随着社会经济及市场经济的发展,市场营销学发生了根本性的变化,从传统市场营销学演变为现代市场营销学,其应用从营利组织扩展到非营利组织，从国内扩展到国外。当今，市场营销学已成为同企业管理相结合，并同经济学、行为科学、人类学、数学等学科相结合的应用边缘管理学科。西方市场营销学的产生与发展同商品经济的发展、企业经营哲学的演变是密切相关的。

市场营销学自 20 世纪初诞生以来，其发展经历了以下几个阶段。

1．萌芽阶段(1900—1920 年)

这一时期，各主要资本主义国家经过工业革命，生产力迅速提高，城市经济迅猛发展，商品需求量亦迅速增多，出现了需过于供的卖方市场，企业产品价值实现不成问题。与此相适应，市场营销学开始创立。早在 1902 年，美国密执安大学、加州大学和伊利诺大学的经济系开设了市场学课程。宾夕法尼亚大学、匹茨堡大学、威斯康星大学相继也开设了此课程。在这一时期，出现了一些市场营销研究的先驱者，其中最著名的有阿奇·W. 肖(Arch W. Shaw)、巴特勒(Bulter)、约翰·B. 斯威尼(John B. Swirniy)及赫杰特齐(Hagerty)。哈佛大学教授赫杰特齐走访了很多大企业主，了解了他们是如何进行市场营销活动的，并于 1912 年出版了第一本销售学教科书，它是市场营销学作为一门独立学科出现的里程碑。

阿奇·W 肖于 1915 年出版了《关于分销的若干问题》一书，率先把商业活动从生产活动中分离出来，并从整体考察分销的职能。但当时他尚未使用"市场营销"一词，而是把分销与市场营销看作是一回事。

韦尔达、巴特勒和威尼斯在美国最早使用"市场营销"术语。韦尔达提出，"经济学家通常把经济活动划分为三大类：生产、分配、消费……生产被认为是效用的创造"，"市场营销应当定义为生产的一个组成部分"，"生产是创造形态效用，营销则创造时间、场所和占有效用"，并认为"市场营销开始于制造过程结束之时"。

管理界的一代宗师彼得·德鲁克(Peter Drucker)在其 1954 年写成的《管理实践》中认为："关于企业的目的只有一个有效定义：创造消费者。"他指出，"市场是由商人创造的，而消费者的需求只是理论上的。"杜拉克的管理思想进一步促使了市场营销理论与实践者，从以企业为核心向以消费者为核心的转变。

这一阶段的市场营销理论同企业经营哲学相适应，即同生产观念相适应。其依据是传统的经济学，是以供给为中心的。

2．功能研究阶段(1921—1945 年)

这一阶段以营销功能研究为其特点。此阶段最著名的代表者有克拉克(Clerk)、韦尔德(Weld)、亚历山大(Alexander)、瑟菲斯(Sarfare)、埃尔德(Ilder)及奥尔德森(Alderson)。1932 年，克拉克和韦尔德出版了《美国农产品营销》一书，对美国农产品营销进行了全面的论述，指出市场营销的目的是"使产品从种植者那里顺利地转到使用者手中。这一过程包括三个重要又相互有关的内容：集中(购买剩余农产品)、平衡(调节供需)、分散(把农产品化整为零)"。这一过程包括七种市场营销功能：集中、储藏、财务、承担风险、标准化、推销和运输。1942 年，克拉克出版的《市场营销学原理》一书在功能研究上有创新，把功能归结为交换功能、实体分配功能、辅助功能等，并提出了"推销是创造需求"的观点，实际上是市场营销的雏形。

3．形成和巩固时期(1946—1955 年)

这一时期的代表人物有范利(Vaile)、格雷瑟(Grether)、考克斯(Cox)、梅纳德(Maynard)

及贝克曼(Beckman)。1952年,范利、格雷斯和考克斯合作出版了《美国经济中的市场营销》一书,全面地阐述了市场营销如何分配资源,指导资源的使用,尤其是指导稀缺资源的使用;市场营销如何影响个人分配,而个人收入又如何制约营销;如何为市场提供适销对路的产品。同年,梅纳德和贝克曼在出版的《市场营销学原理》一书中提出了市场营销的定义,认为它是"影响商品交换或商品所有权转移,以及为商品实体分配服务的一切必要的企业活动"。梅纳德归纳了研究市场营销学的五种方法,即商品研究法、机构研究法、历史研究法、成本研究法及功能研究法。

由此可见,这一时期已形成市场营销的原理及研究方法,传统市场营销学已形成。

4.市场营销管理导向时期(1956—1965年)

这一时期的代表人物主要有奥尔德森、约翰·霍华德(John Howard)及麦卡锡(Mclarthy)。

奥尔德森在1957年出版的《市场营销活动和经济行动》一书中提出了"功能主义"。霍华德在出版的《市场营销管理:分析和决策》一书中,率先提出从营销管理角度论述市场营销理论和应用,从企业环境与营销策略二者关系来研究营销管理问题,强调企业必须适应外部环境。麦卡锡在1960年出版的《基础市场营销学》一书中,对市场营销管理提出了新的见解。他把消费者视为一个特定的群体,即目标市场,认为企业应制定市场营销组合策略,以适应外部环境、满足目标顾客的需求,实现企业经营目标。

5.协同和发展时期(1966—1980年)

这一时期,市场营销学逐渐从经济学中独立出来,同管理科学、行为科学、心理学、社会心理学等理论相结合,使市场营销学理论更加成熟。

在此时期,乔治·道宁(George Downing)于1971年出版了《基础市场营销:系统研究法》一书,提出了系统研究法,认为公司就是一个市场营销系统,是"企业活动的总体系统",通过定价、促销、分配活动,并通过各种渠道把产品和服务供给现实的和潜在的顾客。他还指出,公司作为一个系统,同时又存在于一个由市场、资源和各种社会组织等组成的大系统之中,它将受到大系统的影响,同时又反作用于大系统。

1967年,菲利普·科特勒出版了《市场营销管理:分析、计划与控制》一书,该著作更全面、系统地发展了现代市场营销理论。他精确地对营销管理下了定义:营销管理就是通过创造、建立和保持与目标市场之间的有益交换和联系,以达到组织的各种目标而进行的分析、计划、执行和控制过程。他还提出,市场营销管理过程包括分析市场营销机会,进行营销调研,选择目标市场、制定营销战略和战术,制定、执行及调控市场营销计划等内容。

菲利普·科特勒突破了传统市场营销学认为营销管理的任务只是刺激消费者需求的观点,进一步提出了营销管理任务还影响需求的水平、时机和构成,因而提出营销管理的实质是需求管理,还提出了市场营销是与市场有关的人类活动,既适用于营利组织,也适用于非营利组织,扩大了市场营销学的范围。

1984年,菲利普·科特勒根据国际市场及国内市场贸易保护主义抬头、出现封闭市场的状况,提出了大市场营销理论,即 6P 战略:Product(产品)、Price(价格)、Place(渠道)及Promotion(促销)、Power(政治权力)及Public-Relation(公共关系)。他提出了企业不应只被动地适应外部环境,而且也应该影响企业的外部环境的战略思想。

> **经典人物**

现代营销学之父：菲利普·科特勒

【好书推荐】

　　现代营销学之父：菲利普·科特勒(1931—   )，麻省理工学院博士、哈佛大学博士后、苏黎世大学等大学荣誉博士学位。主要著作有《营销管理》《营销学导论》《混沌时代的管理和营销》等。

　　菲利普·科特勒见证了美国经济的起伏坎坷、衰落跌宕和繁荣兴旺的历史，创建了完整的营销理论，培养了一代又一代企业家。他是许多美国和外国大公司在营销战略和计划、营销组织、整合营销上的顾问。这些企业包括 IBM、通用电气公司、AT&T、默克公司、霍尼韦尔公司、美洲银行、北欧航空公司、米其林公司等。此外，他还曾担任美国管理学院主席、美国营销协会董事长和项目主席及彼得·杜拉克基金会顾问。同时他还是将近二十本著作的作者，为《哈佛商业评论》《加州管理杂志》《管理科学》等第一流杂志撰写了 100 多篇论文。

6. 分化和扩展时期(1981 年—   )

　　在此期间，市场营销领域又出现了大量丰富的新概念，使得市场营销这门学科出现了变形和分化的趋势，其应用范围也在不断地扩展。

　　1981 年，莱维·辛格(Ravi Singh)和菲利普·科特勒对"市场营销战"这一概念及军事理论在市场营销战中的应用进行了研究，菲利普·科特勒也提出要在企业内部创造一种市场营销文化，即使企业市场营销化的观点。1983 年，西奥多·莱维特(Theodore Levitt)对"全球市场营销"问题进行了研究，提出过于强调对各个当地市场的适应性，将导致生产、分销和广告方面规模经济的损失，从而使成本增加。因此，他呼吁多国公司向全世界提供一种统一的产品，并采用统一的沟通手段。1985 年，巴巴拉·本德·杰克逊(Barbara Bund Jackson)提出了"关系营销""协商推销"等新观点。

1986 年，菲利普·科特勒提出了"大市场营销"这一概念，提出了企业如何打进被保护市场的问题。在此期间，"直接市场营销"也是一个引人注目的新问题，其实质是以数据资料为基础的市场营销，事先获得大量信息和电视通信技术的发展使直接市场营销成为可能。

进入 20 世纪 90 年代以来，关于市场营销、市场营销网络、政治市场营销、市场营销决策支持系统、市场营销专家系统等新的理论与实践问题开始引起学术界和企业界的关注。

1.2.2 市场营销策略

【拓展人物】

市场营销策略是企业以顾客需要为出发点，根据经验获得顾客需求量及购买力的信息、商业界的期望值，有计划地组织各项经营活动，通过相互协调一致的产品策略、价格策略、渠道策略和促销策略，为顾客提供满意的商品和服务而实现企业目标的过程。

1．4P 理论

企业应根据与市场竞争对手对抗的需要而制定富有竞争力的产品、价格、渠道和促销政策。20 世纪 60 年代由美国营销学学者麦卡锡提出的著名的 4P 理论，如图 1.3 所示。当时还是大众媒体盛行的时代，依靠大众媒体促进销售，无差异化策略成为这一阶段的明显特征。

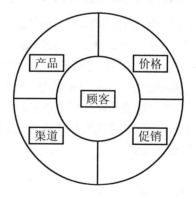
【拓展人物】

图 1.3　4P 营销组合

产品策略主要研究新产品开发、产品生命周期等，是价格策略、促销策略和渠道策略的基础。

价格策略又称定价策略，主要研究产品的定价、调价等市场营销工具。

渠道策略是指为了达到产品分销目的而起用的销售管道。它代表企业(机构)在将自身产品送抵最终消费者之前，所制定的与各类分销商之间的贸易关系、成本分摊和利益分配方式的综合体系。

促销策略是将组织与产品信息传播给目标市场的有计划的营销活动，它主要的焦点在于与消费者沟通。促销的形式则包括了广告宣传、公共关系、促销活动、人员销售、口碑操作等，通过推广，使企业得以被消费者知晓、了解、喜爱进而购买产品。促销的强度及其计划是否得宜，足以影响或操纵产品的知名度、形象、销售量，乃至于企业的品牌形象。有了促销，消费者才能得知产品能够提供何种利益、价格如何、可以到什么地方购买及如何购买等，而这些消费者反应会进一步协助推动其他营销组合(产品、价格、通路)进行修正调整。

4P理论的提出，是现代市场营销理论最具划时代意义的变革，从此，营销管理成为公司管理的一个部分，涉及的领域远远比销售更广泛。

4P理论被企业经营者广泛运用，甚至影响了企业的组织结构，企业纷纷设立了主管营销的副总和营销企划部或市场营销部。中国企业的市场营销行为也真正有目的、有计划、成体系地开展起来。

1981年，布姆斯(Booms)和比特纳(Bitner)建议在4P理论的基础上增加三个服务性的"P"，即People(人员)、Physical evidence(环境或实体环境)和Process(流程)，即7P营销理论。布姆斯的营销理论见表1-2。

表1-2 布姆斯的7P营销理念

产品	领域、质量、水准、品牌名称、服务项目、保证、售后服务
价格	水准、折扣、付款条件、顾客的认知价值、质量定价、差异化
渠道	所在地、可及性、分销渠道、分销领域
促销	广告、人员推销、销售促进、宣传、公关
人员	人力配备、态度、顾客行为参与程度
环境	环境、装备事物、实体性线索
流程	政策、手续、机械化、员工自主权、顾客参与度、顾客取向、活动流程

【拓展文本】

三个服务性的"P"形成了如下三方面策略。

人员策略是指所有的人都直接或间接地被卷入某种服务的消费过程中，这是7P营销组合很重要的一个观点。知识工作者、白领雇员、管理人员及部分消费者将额外的价值增加到了既有的社会总产品或服务的供给中，这部分价值往往非常显著。

流程是指服务通过一定的程序、机制及活动得以实现的过程(亦即消费者管理流程)，是市场营销战略的一个关键要素。

环境包括服务供给得以顺利传送的服务环境，有形商品承载和表达服务的能力，当前消费者的无形消费体验，以及向潜在顾客传递消费满足感的能力。

2．4C理论

4C理论是由美国营销专家劳特伯恩在1990年提出的，它以消费者需求为导向，重新设定了市场营销组合的四个基本要素和沟通。它强调企业首先应该把追求顾客满意放在第一位；其次是努力降低顾客的购买成本；再次要充分注意到顾客购买过程中的便利性，而不是从企业的角度来决定销售渠道策略；最后还应以消费者为中心实施有效的营销沟通。4C理论的提出引起了营销传播界及工商界的极大反响，从而也成为后来整合营销传播的核心。

企业应该用4C理论来思考，用4P理论来行动。4C理论——站在消费者的角度看待营销，决定了企业的未来；4P——站在企业的角度看待营销，把握着企业的现在。看问题的角度不同，企业的竞争立足点也就不同。

4C 理论以客户需求为导向，但对称客户需求还面临合理性的问题。客户总是希望物美价廉，特别在价格上要求越低越好，这样企业就会付出更大的成本，久而久之就会影响企业的发展。从长远看，企业要遵循双赢的原则，4C 理论没有体现既赢得客户，又长期拥有客户关系的营销思想。这是 4C 理论需要解决的问题。

3．4R 理论

4R 理论强调以关系营销为核心，注重企业和客户关系的长期互动，重在建立顾客忠诚。

(1) 关联(Relevance)。企业与顾客是一个命运共同体，建立并发展与顾客之间的长期关系是企业经营的核心理念和最重要的内容。

(2) 反映(Reaction)。在相互影响的市场中，对经营者来说最现实的问题不在于如何制订、控制和实施计划，而在于如何站在顾客的角度及时地倾听和将商业模式转移成为高度回应需求的商业模式。

(3) 关系(Relationship)。在企业与客户的关系发生了本质性变化的市场环境中，抢占市场的关键已转变为与顾客建立长期而稳固的关系。与此相适应产生了五个转向：从一次性交易转向强调建立长期友好合作关系；从着眼于短期利益转向重视长期利益；从顾客被动适应企业单一销售转向顾客主动参与到生产过程中来；从相互的利益冲突转向共同的和谐发展；从管理营销组合转向管理企业与顾客的互动关系。

(4) 回报(Reward)。任何交易与合作关系的巩固和发展，都是经济利益问题。因此，一定的合理回报既是正确处理营销活动中各种矛盾的出发点，也是营销的落脚点。

4P、4C 和 4R 理论是营销学发展史上的三大经典营销策略组合理论。它们在营销理念、模式、方式、目标等都有区别，见表 1-3。

表 1-3 4P、4C 和 4R 理论的区别

理论 考察因素	4P 理论	4C 理论	4R 理论
营销理念	生产者导向	消费者导向	竞争者导向
营销模式	推动型	拉动型	供应商
满足需求	相同货相近需求	个性化需求	感觉需求
营销方式	规模营销	差异化营销	整合营销
营销目标	满足现实的、具有相同或相近的顾客需求，并获得目标利润最大化	满足现实和潜在的个性化需求，培养顾客忠诚度	适应需求变化，并创造需求，追求各方互惠关心最大化
顾客沟通	"一对多"单向沟通	"一对一"双向沟通	"一对一"双向或多项沟通
投资成本与时间	短期低，长期高	短期较低，长期较高	短期高，长期低

4R 理论侧重于用更有效的方式在企业和客户之间建立起有别于传统的新型关系。4R 理论根据市场不断成熟和竞争日趋激烈的形势，着眼于企业与客户互动与双赢，体现和落实了关系营销的思想。

> # 思考与练习

(一) 名词解释

市场　　会展市场　　市场营销

(二) 填空题

1. 市场是由_____、_____、_____三个要素构成的。
2. 传统的营销观念包括_____、_____、_____三种现代营销观念包括_____、_____、_____，全面营销观念包括_____、_____、_____、_____。
3. 营销人员的能力要求包括_____、_____、_____。
4. 20世纪60年代诞生了著名的4P理论，包括_____、_____、_____、_____。
5. 4R理论强调—关系营销为中心，包括　　、　　、　　、　　。

(三) 简答题

1. 简述一名合格的营销人员应具备的能力。
2. 简述4P、4C、4R的营销理论。

(四) 实训项目

1. 搜集某一企业相关的市场营销资料，分析企业的营销理念。

   实训目的：(1) 了解市场营销的理念；
   　　　　　(2) 掌握现代企业的经营理念；
   　　　　　(3) 为学习会展营销奠定基础。

   实训要求：(1) 小组合作完成；
   　　　　　(2) 资料收集并整理成PPT进行讲解。

2. 搜集与营销相关的小故事或销售名人。

   实训目的：(1) 了解营销人的工作；
   　　　　　(2) 掌握销售达人的相关方法；
   　　　　　(3) 为未来的营销之路奠定基础。

   实训要求：(1) 自主完成；
   　　　　　(2) 资料收集并整理成Word文档；
   　　　　　(3) 要求1000字左右。小四、宋体、1.5倍行距。

Chapter 2

了解市场

【学习目标】
- 了解市场调研的程序及方法
- 学会运用调查问卷等方法进行市场调研
- 熟悉对某一产品进行市场细分的方法
- 掌握某一产品进行市场定位的方法

案例导入

深圳高交会瞄准"世界科技第一展"新目标

如今,高交会(中国国际高新技术成果交易会,以下简称高交会)在更高层次重新定位,瞄准了"世界科技第一展"的新目标。人们欣喜地看到,高交会在国际化的大道上,走出一条属于自己的"星光大道",越走越远,越走越欢快。

【拓展视频】

一、创办之初瞄准国际化目标

高交会创办之初就确定了"国际化"的目标,在首届高交会开幕式上,与会的国家领导人就明确指出:正是为了促进中国与世界各国的经济技术合作,中国政府决定每年在深圳举办中国国际高新技术成果交易会。

二、高交会如何促进国际科技交流与合作

从招组展方面看,通过与 IDG(美国国际数据集团)合作信息技术与产品展,同时得到了韩国情报技术研究院、英国驻广州总领事馆、台北电脑商业同业公会、海岸国际展览公司的合作与支持,扩大了高交会在海外的影响,使之成为中国展会的国际品牌。

从活动内容上看,高交会围绕"高新技术"四个字,不断促进自身与国际的全方面交流,提高国际化水平,无论是 super-SU-PER 系列活动、中美 CEO 互动对话,还是中国企业海外上市咨询洽谈活动等,都给人眼前一亮的感觉。

从效果上看,高交会吸引了近百家跨国公司到会展示最新技术,有的跨国企业还在深圳建立了研发中心和采购中心,吸引了国际风险投资商、著名证券交易所等国际中介加入到促成科技成果交易转化的大军中来,帮助一大批国内优秀项目转化成生产力,协助一些国内企业成功在海外上市。

三、海外兵团越来越强大

由于参加高交会效果显著,跨国公司参展越来越踊跃,逐渐形成一个实力强大的"海外兵团",近几年来,高交会的"海外兵团"越来越强大,跨国公司展示的新技术具有高、精、尖的特点,成为专业观众青睐的亮点。

为了创造多赢局面,一些跨国公司以国别为单位,抱团亮相,增强气势。第九届高交会首次设立的美国展区,美国 9 个州的跨国企业参展,各州分设展区,但以整体形象亮相。通用电气、摩托罗拉、甲骨文、惠普、戴尔等国际知名企业携带大量高科技产品和技术参展。

值得一提的是,一些国家专门资助企业参加高交会,这更为高交会打响海外知名度创造了条件。俄罗斯科教部组团领队、莫斯科动力学院副校长罗·加寥夫介绍,高交会是俄罗斯政府为企业提供财政支持的唯一国外展会,俄罗斯已连续多次组团参会。

四、由"中国第一"迈向"世界第一"

今年的高交会,吸引来自美国、俄罗斯、法国、加拿大、澳大利亚等 18 个国家或地区的 27 个团组以政府组团方式参展。

人们欣喜地看到,越来越多的留学人员争赴盛会,越来越多的跨国公司、海外政府展团抢滩高交会，高交会的国际味越来越浓，在国际上的名气越来越大。经过多年的不懈努力，已成为中国规模最大、极具国际影响力的"中国科技第一展"的高交会，如今正借中国经济率先复苏、持续向好的"危中之机"，不断扩大吸引力和影响力，悄然迈向"世界科技第一展"。

瞄准"世界第一"新目标，高交会正意气风发，大步迈进——高交会坚持和强化综合性及部委、政府强力支持的办展模式和特点。高交会成功走过11年的辉煌，离不开各部委、深圳市，特别是强大的"国家队"主办阵营的支持。今后，将继续利用国家发改委、商务部、中科院等主办部委院的支持，最大限度地聚集政策、资金和信息等资源，准确"把脉"国家科技、经济的战略方向和趋势，并及时调整、形成最佳的办展主题和展会格局。

进一步提升市场化、专业化，是高交会继续获得生命力和竞争力的"生命线"。本届高交会进一步提高了服务标准、加大了专业买家的邀请力度，海外买家、投资机构、专业观众数均比往年有所增长。

影响力、辐射力将大为增强。2005年以来，高交会开始尝试"走出国门"办展，目前已取得积极成效，先后在奥地利、西班牙、芬兰、匈牙利、德国、以色列等地举办了高新技术项目洽谈"海外分会"，使高交会国际化色彩越来越浓，有效拓展了发展空间。

2.1 市 场 调 研

2.1.1 市场调研的含义

【拓展文本】

市场调研是个人或组织运用科学的方法，有目的、有计划地收集、整理、分析市场各类信息，把握供求现状和发展趋势，为制定营销策略和企业决策提供正确依据的信息管理活动，是市场调查与市场研究的统称。市场调研是市场预测和经营决策过程中必不可少的组成部分。

2.1.2 会展营销调研

1. 会展营销调研的含义

会展营销调研是指会展活动的组织者利用市场调查的方法和手段，对会展项目相关的市场进行系统的收集、整理、分析和评论，旨在为组织制定营销策略提供科学依据的活动。

会展市场调研内容包括市场环境调研、客户需求调研、竞争者调研。市场环境调研是指对会影响会展营销活动的宏观环境(政治、经济、法律、地理环境等)与微观市场环境(酒店、广告商、场地、中介机构、竞争对手等)的调研。市场需求调研是指对参展商和专业观众的基本情况(企业性质、规模、经营情况等)及参展行为(参展方式、频率、奋勇、目的、评价等)的调研。竞争者调研是指对竞争者的基本情况(资金实力、管理模式、人才资源等)和竞争者的营销活动(项目规模、项目定位、营销方式、市场份额等)的调研。

2．会展营销调研的程序

1) 确定调研目的

会展企业必须要明确为什么要进行调研，需要解决哪些问题，调研结果对企业及展会项目有何帮助。

通常可将调研的目的分成三类：

(1) 探索性调研。即收集初步的数据，来探索问题的性质、大小或为求得解决问题的思路所做的调查研究。

(2) 描述性调研。对市场及企业市场营销各种要素进行定量的描述。

(3) 因果性调研。对市场营销众多因素的相互因果关系进行调查研究。

2) 制定调研方案

在制定调研方案过程中要对调研方法，调研区域，调研对象、调研时间进行科学的规划。制定完整的调研方案并对调研工作进行指导。

3) 实施调研方案

组织并培训调研人员。企业往往缺乏有经验的调研人员，要开展营销调研首先必须对调研人员进行一定的培训，目的是使他们对调研方案、调研技术、调研目标及与此项调研有关的经济、法律等知识有明确的了解。

开展调研工作的企业可以利用或主动寻找资料。资料可分为第一手资料，即企业为调查某问题而搜集的原始资料；第二手资料，即已存在且为调查某问题而搜集的资料。一般来说，第一手资料获取成本高，但资料实用性强，第二手资料则相反。调查第一手资料的方法有调查法、观察法和实验法。还可以利用现今的科学技术，尤其是电子技术代替传统的信息收集方法。

4) 调研总结阶段

营销调研的作用能否充分发挥与做好调研总结的两项具体工作密切相关。

(1) 整理和分析资料。通过营销调查取得的资料往往是相当零乱，有些只是反映问题的某个侧面，带有很大的片面性，要审核资料的正确性，还要审核资料的全面性和可比性。分类是为了便于资料的进一步利用。制表的目的是使各种具有相关关系或因果关系的经济因素更为清晰地显示出来，便于进行深入的分析研究。

【拓展文本】

(2) 编写调研报告。调研报告是调研活动的结论性意见的书面报告。编写时应该是客观、公正全面地反映事实，以求最大限度地减少营销活动管理者在决策前的不确定性。调研报告包括的内容有调研对象的基本情况、对所调研问题进行分析和说明、调研者的结论和建议。

案例 2-1

武汉洋酒市场调研

武汉市经营洋酒的企业目前尚缺少规模经营能力,在货源组织上更是五花八门,没有固定的渠道,现有的运作方式与"重质不重量"的洋酒市场极不适应,有碍市场的发展。在调查中,调查者分别就批发商、零售商进行了采访,在营业机构问题上有以下几点值得注意。

第一,专业营销机构缺乏。2011年,武汉市场上主要洋酒批发企业有5家,集中在副食批发部门及友谊公司系统等。另外在武昌还有1家个体户专门从事洋酒批发,但规模较小。

第二,零售网点主要集中在大中型百货公司。在高峰季节每季销售量也不过十几万元,且店面陈设简单、洋酒货架偏僻,顾客较少。目前武汉市规模最大的酒类专业店——武汉名酒城的经营品牌保持在300个左右,但多是调兑酒,真正意义上的名牌较少,且洋酒展柜相当偏僻。

第三,进货渠道混乱。国际知名的12种名酒品牌,目前武汉市场上已经有8种,但这些品牌厂家均未在武汉设立办事机构,故这些品牌均依靠从外地转手购入。

第四,缺乏洋酒专业营销队伍,营销方式落后。当前武汉几家大型批发机构,洋酒经营与国产酒混杂在一起,人员也没有专门训练,缺乏有关洋酒知识,服务方式落后。但这种情况很快将会有所改变。据悉,湖北省副食品总公司、湖北省粮油食品进出口公司准备成立专业洋酒经销公司,同时上海糖酒批发公司也在大力加强与有关单位的联络,无疑这将为武汉洋酒市场发展提供强大的推动力。

2.1.3 市场调研方法

对于调研来说,选择合适而有效的调查方法非常重要。

定量研究(Quantitative Research)是与定性研究(Qualitative Research)相对的概念,也称量化研究,是社会科学领域的一种基本研究方式,也是科学研究的重要步骤和方法之一。

定性研究是指通过发掘问题、理解事件现象、分析人类的行为与观点及回答提问来获取敏锐的洞察力。

定量调研的最主要方法是问卷调查法。定性调研常见的方法包括观察法、访谈法、调查法等;在具体操作中往往是多种调查方法科学有效地组合使用。

1. 面访调查

面访调查(Face to Face Interview)是调查员与被访者面对面进行直接交流的调查方法,主要有入户调查、拦截式调查、深度访谈法、专家意见法。

1) 入户调查

调查员按抽样方案的要求,到抽中的家庭或单位,按照事先规定的方法,选取适当的被访者,依照问卷或调查提纲进行面对面的直接提问。调查的单位是按随机抽样原则抽取的,入户访问的对象抽取也有一定的法则。入户调查是概率抽样，样本对总体的代表性可以通过抽样误差来表示。入户调查的优点是直接与被访者接触，可以观察他(她)回答问题的状态。严格的抽样方法，使样本的代表性更强，能够得到较高的有效回答率，对于不符合要求的答案，可以在访问时予以纠正，访问员甚至可以控制跳答题或对开放式问题进行追问。

2) 拦截式调查

拦截式调查有两种形式：一种是由调查员在事先选定的若干地点，按一定的程序和要求选取访问对象(如每隔几分钟拦截一位或每隔几个行人拦截一位)，征得对方同意后，在现场按问卷进行简短的调查；另一种是定点拦截，调查员在商场或其他人流密集的地区租借访问专用的房间或厅堂，根据研究要求还可以摆放若干供被访者参观或试用的产品，按照一定的程序和要求拦截调查对象，征得其同意后，将其带到专用的房间或厅堂进行面访调查。拦截式调查的优点在于效率高，调查时间短，可以在调查中对调查结果真实性及品质进行控制，同时还可以节省抽样环节和费用。

【拓展文本】

3) 深度访谈法

深度访谈法是一种无结构的、直接的、个人的访问方法。通常由一位调查员对一位被调查者进行深入的访谈，从而得知其对某一问题的态度和情感或某一个行为的潜在动机。它的优点是可以获得比较全面的资料，适合了解一些复杂的问题。

【拓展文本】

4) 专家意见法

专家意见法(也称德尔菲法)是采用函询或现场深度访问的方式，反复征求专家意见，经过客观分析和多次征询，逐步使各种不同意见趋于一致。首先邀请在业内不同专业结构的专家各自发表自己的意见，然后由调查公司收回，将所有专家的意见反馈给各个专家，再请他们进行评估或修正，再由调查公司收回，进行相关的统计工作，并再次把结果反馈给专家，专家再次修正或评估，最后将专家的意见进行综合，得出建设性的意见。根据不同课题需求，专家意见法常进行3轮或4轮。

【拓展文本】

2．邮寄调查

邮寄调查(Mail Survey)是将调查问卷及相关资料寄给被调查者，由被访者根据要求填写调查问卷并寄回的方法。其中包括两种方式：留置问卷调查和固定样本邮寄调查。应用范围包括对时效性要求不高、样本框较齐全、调查内容较多、调查问题较敏感的项目。

3．电话调查

电话调查(Telephone Survey)指选取一定的被调查者样本，通过拨打电话的方式，提问问题，并记录答案的调查方法。被调查者集中在某个场所或专门的电话访问间，在规定的时间进行数据收集工作，现场有督导员对被调查者进行访问监督和抽样控制。

电话调查在西方国家普及较早。随着我国电话普及率的提高，电话调查本身具有的省时、省力、简单易行等优势也越来越明显，因此这种方法很快受到业内人士重视，并成为中国市场调研最常用的方法之一。

【拓展文本】

1) 电话调查的特征

信息反馈快、费用低、辐射范围广，这是电话调查突出的优点。采用这种方法能保证调查的质量。

随着人际信任度的降低，入户调查拒访率不断上升，为各种调查设置了一道无形的屏障。同时企业决策层对调查时效性的要求也越来越高，使得传统的入户调查等调查手段远不能满足需要。电话调查逐渐成为使用较为普遍的数据采集方法，与普通的入户调查相比，电话调查具有数据收集快、调查过程可控制性强、执行所需成本低等优点。

2) 电话调查的注意事项

电话调查自身的特点决定了要成功地进行调查，必须首先解决以下几个问题：设计好简明易懂的调查问卷；对调查员进行电话访问技巧的培训；调查样本的抽取及访问时间的控制。

4. 网络调研

网络调研(Online Research)是以互联网为沟通平台，受访者在某个设定的站点或通过E-mail的方式填写问卷并发送给调查机构的一种调查方法。

随着信息技术的快速发展，近年来互联网已经成为继电视、广播、报纸、杂志之后的第五大大众媒体。互联网的发展直接推动了市场调研方式的转变，网络调研目前已经成为业内广泛采用的一种调查手段。

【拓展文本】

1) 网络调研的特征

网络调研由于能够应用计算机作为技术手段，因此在调研的实现方面具有一定的优越性。

首先，它可以实现传统调查难以实现或难以控制的"题目顺序循环""量表题选项循环"和"联合分析中卡片的随机抽取"等操作。

其次，由于网络调研的实时控制，可以有效避免调查人员作弊、录入人员出错等人为偏差出现。

再次，网络调研系统可以借助网络优势，展示图片、文字、声音等图像、音像资料，通过相关技术可以使问卷形式更具个性化、有针对性。

最后，网络调研可以节省调查人员劳务、印刷、录入、复核、交通、联络等时间和费用。

2) 网络调研的主要方法

网络调研主要有以下三种方法：E-mail问卷、交互式CATI系统和网络调研系统。

(1) E-mail问卷。E-mail问卷就是一封简单的问卷邮件，并按照已知的E-mail地址发出。受访者回答完毕后将问卷回复给调研机构，有专门的程序进行问卷准备、设置E-mail地址和收集数据。E-mail问卷制作方便，分发迅速。由于出现在受访者的个人信箱中，因此能够引起注意。但是，它只限于传输文本，图形虽然也能在E-mail中进行链接但与问卷文本是分开的。

(2) 交互式CATI系统。CATI(Computer Assisted Telephone Interview，计算机辅助电话访问)是将近年高速发展的通信技术及计算机信息处理技术应用于传统的电话调查的产物，问世以来得到越来越广泛的应用。

(3) 网络调研系统。网络调研系统有专门为网络调研设计的问卷链接及传输软件。这种软件设计无须使用程序，包括整体问卷设计、网络服务器、数据库和数据传输程序都不需要用到。一种典型的用法是：问卷由简易的可视问卷编辑器产生，自动传送到互联网服务器上；通过网站，使用者可以随时在屏幕上对回答数据进行整体统计或图表统计。

【拓展文本】

5．问卷调查

问卷调查(Questionnaire Survey)是以书面提出问题的方式搜集资料的一种研究方法。调查者将所要研究的问题编制成问题表格，以邮寄方式、当面作答或者追踪访问方式请被调查者填答，从而了解被调查者对某一现象或问题的看法和意见，所以又称问题表格法。问卷调查的关键在于编制问卷，选择被调查者和结果分析。

1) 问卷调查的种类

按照问卷填答者的不同，问卷调查可分为自填式问卷调查和代填式问卷调查。

按照问卷传递方式的不同，问卷调查可分为报刊问卷调查、邮政问卷调查和送发问卷调查。

按照与被调查者交谈方式的不同，问卷调查可分为访问问卷调查和电话问卷调查。

问卷调查的分类和比较，见表 2-1。

表 2-1 问卷调查的分类和比较

项 目	自填式问卷调查			代填式问卷调查	
	报刊问卷调查	邮政问卷调查	送发问卷调查	访问问卷调查	电话问卷调查
调查范围	很广	较广	窄	较窄	可广可窄
调查对象	难控制和选择，代表性差	可控制和选择，但回复问卷的代表性难以估计	可控制和选择，但过于集中	可控制和选择，代表性较强	可控制和选择，代表性较强
影响回答因素	无法了解、控制和判断	难以了解、控制和判断	有一定了解、控制和判断	便于了解、控制和判断	不太好了解、控制和判断
回复率	很低	较低	高	高	较高
回答质量	较高	较高	较低	不稳定	很不稳定
投入人力	较少	较少	较少	多	较多
调查费用	较低	较高	较低	高	较高
调查时间	较长	较长	短	较短	较短

2) 问卷结构

问卷一般由卷首语、问题与回答方式、编码和其他资料四个部分组成。

卷首语是问卷调查的自我介绍，卷首语的内容应该包括调查的目的、意义和主要内容，选择被调查者的途径和方法，对被调查者的希望和要求，填写问卷的说明，回复问卷的方式和时间，调查的匿名和保密原则，以及调查者的名称等。为了能引起被调查者的重视和兴趣，争取他们的合作和支持，卷首语的语气要谦虚、诚恳、平易近人，文字要简明、通俗、有可读性。卷首语一般放在问卷第一页的上面，也可单独作为一封信放在问卷的前面。

问题和回答方式是问卷的主要组成部分，一般包括调查询问的问题、回答问题的方式及对回答方式的指导和说明等。

编码就是把问卷中询问的问题和被调查者的回答，全部转变成为A、B、C等或a、b、c等代号和数字，以便运用计算机对调查问卷进行数据处理。编码的主要任务包括以下几方面。

(1) 给每一份问卷、每一个问题、每一个答案确定一个唯一的代码。

(2) 根据被调查者、问题、答案的数量编定每一个代码的位数。

(3) 设计每一个代码的填写方式。

其他资料包括问卷名称、被调查者的地址或单位(可以是编号)、调查者、调查开始时间和结束时间、访问完成情况、审核员姓名和审核意见等。这些资料是对问卷进行审核和分析的重要依据。

此外，有的自填式问卷还有结束语。结束语可以是简短的几句话，对被调查者的合作表示真诚感谢，也可稍长一点，顺便征询一下被调查者对问卷设计和问卷调查的看法。

3) 问题与回答问题方式部分的设计

(1) 问题的种类。问卷中要询问的问题大体上可分为以下四方面：背景性的问题，主要是被调查者个人的基本情况；客观性问题，是指已经发生和正在发生的各种事实和行为；主观性问题，是指人们的思想、感情、态度、愿望等一切主观世界状况方面的问题；检验性问题，为检验回答是否真实、准确而设计的问题。

(2) 设计问题的原则。要提高问卷回复率、有效率和回答质量，设计问题应遵循以下原则：①客观性原则，即设计的问题必须符合客观实际情况；②必要性原则，即必须围绕调查课题和研究假设设计最必要的问题；③可能性原则，即必须符合被调查者回答问题的能力，凡是超越被调查者理解能力、记忆能力、计算能力、回答能力的问题，都不应该提出；④自愿性原则，即必须考虑被调查者是否自愿真实回答问题，凡被调查者不可能自愿真实回答的问题，都不应该正面提出。

(3) 表述问题的原则。①具体性原则，即问题的内容要具体，不要提抽象、笼统的问题；②单一性原则，即问题的内容要单一，不要把两个或两个以上的问题合在一起；③通俗性原则，即表述问题的语言要通俗，不要使用被调查者感到陌生的语言，特别是不要使用过于专业化的术语；④准确性原则，即表述问题的语言要准确，不要使用模棱两可、含混不清或容易产生歧义的语言或概念；⑤简明性原则，即表述问题的语言应该尽可能简单明确，不要冗长和啰唆；⑥客观性原则，即表述问题的态度要客观，不要有诱导性或倾向性语言；⑦非否定性原则，即要避免使用否定句形式表述问题。

(4) 特殊问题的表述方式。①释疑法，即在问题前面写一段消除疑虑的功能性文字；②假定性，即用一个假言判断作为问题的前提，然后再询问被调查者的看法；③转移法，即把回答问题的人转移到别人身上，然后再请被调查者对别人的回答做出评价；④模糊法，即对某些敏感问题设计出一些比较模糊的答案，以便被调查者做出真实的回答。

(5) 回答的类型和方式。回答有三种基本类型，即开放型回答、封闭型回答和混合型回答。

① 开放型回答，是指对问题的回答不提供任何具体答案，而由被调查者自由填写。开

放型回答的最大优点是灵活性大、适应性强，特别是适合于回答那些答案类型很多、答案比较复杂或事先无法确定各种可能答案的问题。同时，它有利于发挥被调查者的主动性和创造性，使他们能够自由表达意见。一般来说，开放型回答比封闭型回答能提供更多的信息，有时还会发现一些超出预料的、具有启发性的回答。开放型回答的缺点是回答的标准化程度低，整理和分析比较困难，会出现许多一般化的、不准确的、无价值的信息。同时，它要求被调查者有较强的文字表达能力，而且要花费较多填写时间。这样，就有可能降低问卷的回复率和有效率。

② 封闭型回答，是指将问题的几种主要答案，甚至一切可能的答案全部列出，然后由被调查者从中选取一种或几种答案作为自己的回答，而不能作这些答案之外的回答。封闭性回答一般都要对回答方式作某些指导或说明，这些指导或说明大都用括号括起来附在有关问题的后面。封闭型回答有许多优点，它的答案是预先设计的、标准化的，它不仅有利于被调查者正确理解和回答问题，节约回答时间，提高问卷的回复率和有效率，而且有利于对回答进行统计。封闭型回答还有利于询问一些敏感问题，被调查者对这类问题往往不愿写出自己的看法，但对已有的答案却有可能进行真实的选择。封闭型回答的缺点是设计比较困难，特别是一些比较复杂的、答案很多或不太清楚的问题，很难设计得完整、周全，一旦设计有缺陷，被调查者就无法正确回答问题；它的回答方式比较机械，没有弹性，难以适应复杂的情况，难以发挥被调查者的主观能动性；它的填写比较容易，被调查者可能对自己不懂、甚至根本不了解的问题任意填写，从而降低回答的真实性和可靠性。

③ 混合型回答，是指封闭型回答与开放型回答的结合，它实质上是半封闭、半开放的回答类型。这种回答方式，综合了开放型回答和封闭型回答的优点，同时避免了两者的缺点，具有非常广泛的用途。

(6) 设计答案的原则：①相关性原则，即设计的答案必须与询问问题具有相关关系；②同层性原则，即设计的答案必须具有相同层次的关系；③完整性原则，即设计的答案应该穷尽一切可能的、起码是一切主要的答案；④互斥性原则，即设计的答案必须是互相排斥的；⑤可能性原则，即设计的答案必须是被调查者能够回答、也愿意回答的。

4) 问卷调查的程序和注意事项

问卷调查的一般程序：设计调查问卷，选择调查对象，分发问卷，回收和审查问卷，对问卷调查结果进行统计分析和理论研究。

问卷的回复率对问卷调查的结果有重要影响。提高问卷回复率应从下述几个方面努力。

① 要争取知名度高、权威性大的机构支持。问卷调查主办者的权威性和知名度，往往会影响被调查者对问卷调查的信任程度和回答意愿。

② 要挑选恰当的调查对象。调查对象的合作态度和理解、回答书面问题的能力，对问卷的回复率往往产生很大影响。

③ 要选择具有吸引力的调查课题。调查课题是否有吸引力，往往会影响被调查者的回答意愿和兴趣。

④ 要提高问卷的设计质量。问卷的设计质量，对问卷回复率和有效率会产生巨大的甚至决定性的影响。

⑤ 要采取回复率较高的问卷调查方式。调查方式对问卷的回复率有重大影响。实践证明，报刊问卷的最终回复率一般为10%～20%，邮政问卷的最终回复率一般为30%～60%，电话问

卷的最终回复率一般可达50%~80%,访问问卷和送发问卷的最终回复率可接近100%。因此,在条件许可的情况下,应尽可能采取电话问卷、送发问卷和访问问卷的方式进行调查。

提高问卷回复率还可以采用留置问卷的方法。具体做法是由调查员按面访方式找到被调查者,说明调查目的和填写要求后,将问卷留置于被访者处,约定日期登门取回填好的问卷,或附上回邮信封要求被调查者直接寄回。留置调查的优点是调查问卷回收率高,被调查者可以当面了解填写问卷的要求,澄清疑问,避免由于误解提问内容而产生误差,并且填写问卷时间充裕,便于思考回忆,被调查者意见不受调查人员的影响。

5) 问卷调查的优缺点

问卷调查的最大优点是,它能突破时空限制,在广阔范围内,对众多调查对象同时进行调查;便于对调查结果进行定量研究。

问卷调查的缺点中最突出的一点就是它只能获得书面的社会信息,而不能了解到生动、具体的社会情况;缺乏弹性,很难进行深入的定性调查;调查者难以了解被调查者是认真填写还是随便敷衍,是自己填答还是请人代劳;被调查者对问题不了解、对回答方式不清楚,无法得到指导和说明;填答问卷比较容易,有的被调查者或者是任意打钩、画圈,或者是在从众心理驱使下按照社会主流意识填答,这都使得调查失去了真实性;回复率和有效率低,对无回答者的研究比较困难。

 知识拓展

东北亚投资贸易博览会参展商及观众调研问卷

中国吉林·东北亚投资贸易博览会参展商的调查

为使展会办得越来越好,最大限度满足参展商们的需求,感谢您在百忙之中配合我们完成这份问卷,谢谢!

1. 请问您公司所在地是_____国_____省_____市
2. 请问您的参展目的主要是什么?(可多项选择)
□促进商品出口　□展示企业形象　□寻求合作　□招商引资　□收集市场信息
□促进旅游等服务贸易　　　　□技术转让或引进　　　□其他
3. 请问您对本届博览会展区划分(展出商品类别)的设置是否满意?
□非常满意　□满意　□一般　□不满意　□极不满意
4. 请问您在参展前是否接到中国吉林·东北亚投资贸易博览会项目撮合表?
□是　　□否
5. 请问贵公司贸易配对(或投资撮合)的达成方式主要是以下哪一种?
□博览会组委会促成　□博览会现场促成　□自己场外促成
□中介公司促成　□其他
6. 请问您是从何种媒体渠道获悉本届博览会?(可多项选择)
a. 网站□　　b. 邀请函□　　c. 政府推荐□　　d. 电视□
e. 报纸:中国境内报纸□　东北亚国家报纸□　其他国家(地区)报纸□
f. 展览会□　　g. 商会□　　h. 杂志□　　i. 其他□

7. 请问您在接受展位促销时主要受以下何种因素影响？(最多选两项)
□作为老客户优先挑选最佳展位　□组团展位价格批发优惠　□组委会宣传推介会
□媒体与户外广告关于本届博览会的宣传　□组委会直接电话、电邮联系
□国内行业协会、商业协会组团　　　　□其他(请注明)_____
8. 请问本届博览会最吸引你的活动是哪项？(选一项)
□展览现场　　□项目推介会、洽谈会　□论坛　□文艺晚会(音乐会)
□人才交流会　□各国商务日　　　　　□其他(请注明)_____
9. 是否参加过上届中国吉林·东北亚投资贸易博览会？　　□是　　　□否
10. 您觉得本届博览会与上届相比进步：
□非常显著　□显著　□不明显　□没进步　□退步了
11. 请问您是贵公司的决策人吗？　　□是　　□否
12. 您认为本届博览会提供的贸易和投资合作机会：
□非常多　　□多　　□一般　　□较少　　□几乎没有
13. 您认为本届博览会针对贸易配对(项目撮合)所举行的各种活动怎么样？
□非常好　　□好　　□一般　　□差　　□非常差
14. 本届博览会期间光顾你展台的主要是：□新客户　　□老客户
15. 您认为光顾贵公司展台的客户数量：
□超过预期水平　□达到预期水平　□略有不足　□与预期相差较大
16. 您认为光顾贵公司展台的客户质量：
□超过预期水平　□达到预期水平　□略有不足　□与预期相差较大
17. 您参加本届博览会实现您参展的预期目标了吗？
□超值实现　　□实现　　□微有不足　　□实现很少　　□完全没有实现
18. 请问您所在企业从业人数：
□50人以下　□51~500人　□501~5 000人　□5 001~20 000人　□20 001人以上
19. 请问贵企业参加本届博览会的人数是：
□5人以下　□6~10人　□11~20人　□21~50人　□51人以上
20. 请问您本次参展计划在长春市停留时间：
□1~4天　□5~8天　□9~15天　□16~30天　□31天以上
21. 请问贵公司这次参展计划的总花费(总成本)大约是(折合人民币)：
□30 000元以下　　□30 001~50 000元　　□50 001~100 000元
□100 001~200 000元　□200 001元以上
22. 展期您平均每天住宿费用：(　　　　)元，平均每天餐饮费用：(　　　　)元
23. 请问您参展期间在长春的个人消费预算大约是：
□1 000元内　　　□1 001~5 000元　　　□5 001~10 000元
□10 001~20 000元　□20 001元以上
24. 请问您展台的布置方式：(单项选择)
□请专业展示设计搭建公司布置　　□请广告策划公司布置
□请建筑装饰公司布置　　　　　　□自己布置

25. 请问您对本届博览会的服务状况的评价：

接待服务： □非常满意 □满意 □一般 □不满意
展位用品提供： □非常满意 □满意 □一般 □不满意
运输服务： □非常满意 □满意 □一般 □不满意
证件和安检： □非常满意 □满意 □一般 □不满意
展场环境卫生： □非常满意 □满意 □一般 □不满意
商务洽谈环境： □非常满意 □满意 □一般 □不满意
展场交通疏导： □非常满意 □满意 □一般 □不满意
展场治安秩序： □非常满意 □满意 □一般 □不满意
展场指南服务： □非常满意 □满意 □一般 □不满意
通道、紧急出口： □非常满意 □满意 □一般 □不满意
防火、防爆安全： □非常满意 □满意 □一般 □不满意
医疗救护： □非常满意 □满意 □一般 □不满意

26. 请评价本届博览会的整体组织管理及服务水平：
□非常好 □好 □一般 □差 □非常差

27. 明年是否继续参加中国吉林·东北亚投资贸易博览会？ □是 □否

28. 中国吉林·东北亚投资贸易博览会需要重点改进的是哪几项？(多项选择)
□安全服务 □专业观众数量 □专业观众质量 □现场服务
□交通 □餐饮 □住宿 □卫生服务
□宣传推广 □娱乐 □旅游服务 □展台配套服务

29. 请您对中国吉林·东北亚投资贸易博览会提出宝贵的期望与建议：
感谢您的大力支持！请赐留您的名片！祝您参展成功！

中国吉林·东北亚投资贸易博览会观众的调查

为使展会办得越来越好，最大限度满足观众们的需求，感谢您在百忙之中配合我们完成这份问卷，谢谢！

1. 请问您公司所在地是_____国_____省_____市

2. 请问您在参会前是否接到本届博览会组委会项目撮合表？ □是 □否

3. 请问贵公司贸易配对(或投资撮合)的达成方式主要是以下哪一种？
□博览会组委会促成 □博览会现场促成 □自己场外促成
□中介公司促成 □其他

4. 请问您本次参会目的主要是什么？(可多项选择)
□促进商品出口 □进口商品 □对外投资 □招商引资 □促进旅游等服务贸易
□收集市场信息 □技术引进或转让 □旅游观光 □零购 □其他

5. 请问您做出参加本届博览会的决定受以下何种因素影响最大？
□政府组织 □组委会邀请 □商会或者协会组织 □中介公司组织
□接受媒体宣传 □专业参展商预约洽谈 □其他

6. 请问您是从何种媒体渠道获悉本届博览会？(可多项选择)
a. 网站□   b. 邀请函□   c. 政府推荐□   d. 电视□

e. 报纸：中国境内报纸□　东北亚国家报纸□　　其他国家(地区)报纸□
f. 展览会□　　g. 商会□　　　　h. 杂志□　　　　i. 其他□

7. 请问您对本届博览会展区划分(展出商品类别)的设置是否满意？
□非常满意　　□满意　　□一般　　□不满意　　□极不满意

8. 请问本届博览会以下各项活动最吸引你的活动是哪个？(选一项)
□展览现场　　□项目推介会、洽谈会　　□论坛　　□文艺晚会(音乐会)
□人才交流会　□各国商务日　　□其他(请注明)_____

9. 您是否参加过上届中国吉林·东北亚投资贸易博览会？　　□是　　□否

10. 您觉得本届博览会与上届相比进步：
□非常显著　　□显著　　□不明显　　□没进步　　□退步了

11. 请问您的参会目的主要是：□洽谈经贸合作　　□随便看看

12. 本届博览会期间您接触洽谈的主要是：□新客户　　□老客户

13. 您认为参加本届中国吉林·东北亚投资贸易博览会的参展企业数量达到您预期的水平了吗？
□超过预期水平　　□达到预期水平　　□略有不足　　□与预期相差较大

14. 您认为参本届博览会的参展企业质量达到您预期的水平了吗？
□超过预期水平　　□达到预期水平　　□略有不足　　□与预期相差较大

15. 您参加中国吉林·东北亚投资贸易博览会实现您参展的预期目标了吗？
□超值实现　　□实现　　□微有不足　　□实现很少　　□完全没有实现

16. 请评价中国吉林·东北亚投资贸易博览会的整体组织管理及服务水平：
□非常好　　□好　　□一般　　□差　　□非常差

17. 明年是否继续参加中国吉林·东北亚投资贸易博览会？□是　　□否

18. 中国吉林·东北亚投资贸易博览会需要重点改进的是：(可多项选择)
□安全服务　　□增加参展企业数量　　□提高参展企业质量　　□现场服务
□交通　　　　□展台配套服务　　　　□卫生服务　　　　　　□餐饮
□住宿　　　　□宣传推广　　　　　　□娱乐　　　　　　　　□旅游

19. 请您对中国吉林·东北亚投资贸易博览会提出宝贵的期望与建议：
感谢您的大力支持！请赐留您的名片！祝您参观愉快！

2.2　市　场　细　分

细分市场不是根据产品品种、产品系列来进行的，而是从消费者(指最终消费者和工业生产者)的角度进行划分的，是根据市场细分(Market Segmentation)的理论基础，即消费者的需求、动机、购买行为的多元性和差异性来划分的。市场细分对企业的生产、营销起着极其重要的作用。

2.2.1 市场细分的概念

市场细分的概念是美国市场学家温德尔·史密斯(Wendell. R. Smith)于 20 世纪 50 年代中期提出来的。市场细分是指营销者通过市场调研，依据消费者的需要和欲望、购买行为和购买习惯等方面的差异，把某一产品的市场整体划分为若干消费者群的市场分类过程。每一个消费者群就是一个细分市场，每一个细分市场都是由具有类似需求倾向的消费者构成的群体。

【拓展案例】

2.2.2 市场细分的作用

1．有利于选择目标市场和制定市场营销策略

市场细分后的子市场比较具体，比较容易了解消费者的需求，企业可以根据自己的经营思想、方针及生产技术和营销力量，确定自己的服务对象，即目标市场。针对较小的目标市场，便于制定特殊的营销策略。同时，在细分的市场上，信息容易被了解和反馈，一旦消费者的需求发生变化，企业可迅速改变营销策略，制定相应的对策，以适应市场需求的变化，提高企业的应变能力和竞争力。

案例 2-2

联想集团的产品细分

联想集团的产品细分策略，正是基于对产品的明确区分。联想集团打破了传统的"一揽子"促销方案，围绕"锋行""天骄""家悦"三个系列面向的不同用户群需求，推出不同的细分促销方案。选择"天骄"系列的用户，可优惠购买可使数据随身移动的"魔盘"、可打印数码照片的 3110 打印机、"SOHO 好伴侣"的 M700 多功能机及让人尽享数码音乐的 MP3 播放器；选择"锋行"系列的用户，可以优惠购买双启动"魔盘"、性格鲜明的打印机及"新歌任我选"MP3 播放器；钟情于"家悦"系列的用户，则可以优惠购买"电子小书包"魔盘、完成学习打印的打印机、"名师导学"的网校卡，以及成就电脑高手的 XP 电脑教程。

2．有利于发掘市场机会，开拓新市场

通过市场细分，企业可以对每一个细分市场的购买潜力、满足程度、竞争情况等进行分析对比，探索出有利于本企业的市场机会，使企业及时做出投产、移地销售决策或根据本企业的生产技术条件编制新产品开拓计划，进行必要的产品技术储备，掌握产品更新换代的主动权，开拓新市场，以更好适应市场的需要。

3．有利于集中人力、物力投入目标市场

任何一个企业的资源、人力、物力、资金都是有限的。通过细分市场，完全可以选择适合自己的目标市场，集中人、财、物等资源，去争取局部市场上的优势，然后再占领自己的目标市场。

4．有利于企业提高经济效益

前面三个方面的作用都能使企业提高经济效益。除此之外，企业通过市场细分后，可以面对自己的目标市场，生产出适销对路的产品，既能满足市场需要，又可增加企业的收入；产品适销对路可以加速商品流转，加大生产批量，降低企业的生产销售成本，提高生产工人的劳动熟练程度，提高产品质量，全面提高企业的经济效益。

2.2.3 市场细分的条件

企业进行市场细分的目的是通过对顾客需求差异的定位来取得较大的经济效益。众所周知，产品的差异化必然导致生产成本和推销费用的相应增长，所以，企业必须在市场细分所得收益与市场细分所增成本之间进行权衡。有效的细分市场必须具备以下特征。

1．可衡量性

可衡量性是指用来细分市场的标准和变数及细分后的市场是可以识别和衡量的，即有明显的区别，有合理的范围。如果某些细分变数或购买者的需求和特点很难衡量，细分市场后无法界定，难以描述，那么市场细分就失去了意义。一般来说，一些带有客观性的变数，如年龄、性别、收入、地理位置、民族等，都易于确定，并且有关的信息和统计数据也比较容易获得；而一些带有主观性的变数，如心理和性格方面的变数就比较难以确定。

2．可进入性

可进入性是指企业能够进入所选定的市场部分，能进行有效的促销和分销，实际上就是考虑营销活动的可行性：一是企业能够通过一定的广告媒体把产品的信息传递到该市场众多的消费者中去；二是产品能通过一定的销售渠道抵达该市场。

3．可营利性

可营利性是指细分市场的规模要大到能够使企业足够获利的程度，使企业值得为它设计一套营销规划方案，以便顺利地实现其营销目标，并且有可拓展的潜力，以保证按计划能获得理想的经济效益和社会服务效益。例如，一个普通大学的餐馆，如果专门开设一个西餐馆满足少数师生爱吃西餐的需求，可能由于这个细分市场太小而得不偿失；但如果开设一个回族饭菜供应部，虽然其市场仍然很窄，但从细微处体现了民族政策，有较大的社会效益，值得去做。

4．差异性

差异性指细分市场在观念上能被区别并对不同的营销组合因素和方案有不同的反应。

5．相对稳定性

【拓展视频】

相对稳定性指细分后的市场有相对应的时间稳定。细分后的市场能否在一定时间内保持相对稳定，直接关系到企业生产营销的稳定性。特别是大中型企业及投资周期长、转产慢的企业，更容易造成经营困难，严重影响企业的经营效益。

此外，市场细分的基础是顾客需求的差异性，所以凡是使顾客需求产生差异的因素都可以作为市场细分的标准。由于各类市场的特点不同，因此市场细分的条件也有所不同。

2.2.4 市场细分的因素与标准

市场细分的标准可以概括为地理因素、人口因素、心理因素和行为因素四个方面，每个方面又包括一系列的细分变量，见表 2-2。

表 2-2　影响市场细分的因素

【拓展案例】

细分标准	细 分 变 量
地理因素	地理位置、城镇大小、地形、地貌、气候、交通状况、人口密集度等
人口因素	年龄、性别、职业、收入、民族、宗教、教育、家庭人口、生命周期等
心理因素	生活方式、性格、购买动机、态度等
行为因素	购买时间、购买数量、购买频率、购买习惯(品牌忠诚度)、对服务、价格、渠道、广告的敏感程度等

1．按地理因素细分

按地理因素细分(Geographical Segmentation)，就是按消费者所在的地理位置、地理环境等变量来细分市场。因为处在不同地理环境下的消费者对于同一类产品往往会有不同的需要与偏好。例如，对自行车的选购，城市居民喜爱式样新颖的轻便车，而农村的居民喜爱坚固耐用的加重车等。因此，对消费品市场进行地理细分是非常必要的。

(1) 地理位置。可以按照行政区划来进行细分，如在我国，可以划分为省、市、县、乡；也可以按照地理区域来进行细分，如划分为东华、华北、西北、西南、华东和华南几个地区，或内地、沿海等。在不同地区，消费者的需求显然存在较大差异。

(2) 城镇大小。可划分为大城市、中等城市、小城市和乡镇。处在不同规模城镇的消费者，在消费结构方面存在较大差异。

(3) 地形和气候。按地形可划分为平原、丘陵、山区、沙漠地带等；按气候可分为热带、亚热带、温带、寒带等。防暑降温、御寒保暖之类的消费品就可按不同气候带来划分。例如，在我国北方，冬天气候寒冷干燥，加湿器很有市场；但在江南，由于空气中湿度大，基本上不存在对加湿器的需求。

2．按人口因素细分

按人口统计因素细分(Demographic Segmentation)，就是按年龄、性别、职业、收入、家庭人口、家庭生命周期、民族、宗教、国籍等变量，将市场划分为不同的群体。由于人口变量比其他变量更容易测量，且适用范围比较广，因而人口变量一直是细分消费者市场的重要依据。

(1) 年龄。不同年龄段的消费者，由于生理、性格、爱好、经济状况的不同，对消费品的需求往往存在很大的差异。因此，可按年龄将市场划分为许多各具特色的消费者群，如儿童市场、青年市场、中年市场、老年市场等。从事服装、食品、保健品、药品、健身器材、书刊等商品生产经营业务的企业经常采用年龄变量来细分市场。

(2) 性别。按性别可将市场划分为男性市场和女性市场。不少商品在用途上有明显的性别特征，如男装和女装、男表与女表。在购买行为、购买动机等方面，男女之间也有很大的差异。例如，妇女是服装、化妆品、节省劳动力的家庭用具、小包装食品等市场的主要购买者，男士则是香烟、饮料、体育用品等市场的主要购买者。美容美发、化妆品、珠宝首饰、服装等许多行业长期以来按性别来细分市场。

(3) 收入。收入的变化将直接影响消费者的需求欲望和支出模式。根据平均收入水平的高低，可将消费者划分为高收入、次高收入、中等收入、次低收入、低收入五个群体。收入高的消费者会比收入低的消费者购买更多高价的产品，如钢琴、汽车、空调、豪华家具、珠宝首饰等；收入高的消费者一般喜欢到大百货公司或品牌专卖店购物，收入低的消费者则通常在居住地附近的商店、仓储超市购物。因此，汽车、旅游、房地产等行业一般按收入变量细分市场。

(4) 民族。世界上大部分国家都拥有多个民族，我国更是一个多民族的大家庭，除汉族外，还有 55 个少数民族。这些民族都各有自己的传统习俗、生活方式，从而呈现出各种不同的商品需求，如我国西北少数民族人民饮茶很多等。只有按民族这一细分变量将市场进一步细分，才能满足各族人民的不同需求，并进一步扩大企业的产品市场。

(5) 职业。不同职业的消费者，由于知识水平、工作条件和生活方式等不同，其消费需求存在很大的差异，如教师比较注重书籍、报刊方面的需求，文艺工作者则比较注重美容、服装等方面的需求。

(6) 教育状况。受教育程度不同的消费者，在志趣、生活方式、文化素养、价值观念等方面都会有所不同，因而会影响他们的购买种类、购买行为、购买习惯。

(7) 家庭人口。据此可分为单身家庭(1 人)、单亲家庭(2 人)、小家庭(2 人或 3 人)、大家庭(4~6 人，或 6 人以上)。家庭人口数量不同，在住宅大小、家具、家用电器乃至日常消费品的包装大小等方面都会出现需求差异。

3．按心理因素细分

按心理因素细分(Psychographic Segmentation)，就是将消费者按其生活方式、性格、购买动机、态度等变量细分成不同的群体。

1) 生活方式

越来越多的企业，如服装、化妆品、家具、娱乐等行业，重视按人们的生活方式来细分市场。生活方式是人们对工作、消费、娱乐的特定习惯和模式，不同的生活方式会产生不同的需求偏好，如传统型、新潮型、节俭型、奢侈型等。这种细分方法能显示出不同群体对同种商品在心理需求方面的差异性。例如，美国一些服装公司就把妇女划分为"朴素型妇女""时髦型妇女""男子气质型妇女"三种类型，分别为她们设计不同款式、颜色和质料的服装。

2）性格

消费者的性格对产品的选择有很大的关系。性格可以用外向与内向、乐观与悲观、自信、顺从、保守、激进、热情、老成等词句来描述。性格外向、容易感情冲动的消费者往往好表现自己，因而他们喜欢购买能表现自己个性的产品；性格内向的消费者则喜欢大众化，往往购买比较常见、大众化的产品；富于创造性和冒险心理的消费者，则对新奇、刺激性强的商品特别感兴趣。

3）购买动机

购买动机即按消费者追求的利益来进行细分。消费者对所购产品追求的利益主要有求实、求廉、求新、求美、求名、求安等，这些都可作为细分的变量。例如，有人购买服装是为了遮体保暖，有人是为了美的追求，有人则是为了体现自身的经济实力等。因此，企业可对市场按购买动机变量进行细分，确定目标市场。

4．按行为因素细分

按行为因素细分(Behavioural Segmentation)，就是按照消费者购买或使用某种商品的时间、购买数量、购买频率和购买习惯(对品牌的忠诚度)等变量来细分市场。

1）购买时间

许多产品的消费具有时间性，烟花爆竹的消费主要集中在春节期间，月饼的消费主要集中在中秋节以前，旅游点在旅游旺季生意最兴隆。因此，企业可以根据消费者产生需要、购买或使用产品的时间进行市场细分。例如，航空公司、旅行社在寒暑假期间大做广告，实行优惠票价，以吸引师生乘坐飞机外出旅游；商家在酷热的夏季大做空调广告，以有效增加销量；双休日商店的营业额大增，而在元旦、春节期间，销售额则更大。因此，企业可根据购买时间进行细分，在适当的时候加大促销力度，采取优惠价格，以促进产品的销售。

2）购买数量

根据购买数量可将消费者划分为大量用户、中量用户和少量用户。大量用户人数不一定多，但消费量大，许多企业以此为目标，反其道而行之也可取得成功。例如，文化用品大量使用者是知识分子和学生，化妆品大量使用者是青年妇女。

3）购买频率

根据购买频率可将消费者划分为经常购买者、一般购买者、不常购买者(潜在购买者)。例如，小学生经常购买铅笔，高年级学生按正常方式购买，而工人、农民则不常买。

4）购买习惯

根据购买习惯的不同可将消费者划分为坚定品牌忠诚者、多品牌忠诚者、转移的忠诚者、无品牌忠诚者等。例如，有的消费者忠诚于某些品牌的产品，如海尔电器、中华牙膏等；有的消费者忠诚于某些品牌的服务，如中国东方航空公司的服务等，或忠诚于某一个机构、某一项事业等。为此，企业必须辨别其忠诚顾客及特征，以便更好地满足他们的需求，必要时给忠诚顾客以某种形式的回报或鼓励，如给予一定的折扣。

> **知识拓展**
>
> **会展业市场细分趋势**
>
> 近些年来国内会展业市场细分的趋势越来越明显，这必将影响到整个行业的发展方向。
>
> 首先是展览业专业化程度提高，国际化趋势增强，企业化行为加大，市场化竞争加剧。区域划分表现为全球以德国、美国、法国等主导世界展览业发展；亚太地区尤其东亚地区继续保持经济稳步发展势头，展览规模与影响持续上升。国内会展就举办规模和数量而言，大致可分为四个层次，北京、上海、广州、大连为第一层次，天津、成都、深圳、昆明、哈尔滨等为第二层次，厦门、南京、武汉为第三层次，杭州、宁波、桂林、南宁为新生代。
>
> 其次是会议业迅速发展。全球市场化伴随旅游奖励的会议业收入接近 3 000 亿美元。现在全球专业从事会议业的机构有 300 多个，其中有四家在中国内地设立了分支机构。中国专业会议市场化运作尚未普及，一般以行业组织牵头，或自己组织或委托旅游公司，但中小型商业性会议高速发展与国内经济发展密切相关。
>
> 最后是围绕场馆的市场开发开始起步。会展中心的市场经营一般以会议展览业为龙头，以旅游、娱乐、餐饮、酒店、广告、商场等相关行业的经营为配套和依托，在会展中心片区内形成集成化、全方位、多渠道的经营服务体系，产生多层面的经济效益，最终使得会展中心的整体经济效益达到预期目标。其中，部分项目是可以现在就开始经营的，部分项目尚需一定的时间，待条件具备或经分析认证可行后再展开，由此以实现会展中心的经济效益综合优势和良性循环。

2.2.5 市场细分的步骤

市场细分作为一个比较、分类、选择的过程，应该按照一定的程序来进行，通常有以下几步。

(1) 正确选择市场范围。企业根据自身的经营条件和经营能力确定进入市场的范围，如进入什么行业，生产什么产品，提供什么服务等。

(2) 列出市场范围内所有潜在顾客的需求情况。根据细分标准，比较全面地列出潜在顾客的基本需求，作为以后深入研究的基本资料和依据。

(3) 分析潜在顾客的不同需求，初步划分市场。企业对所列出的各种需求进行抽样调查，进一步收集有关市场信息与顾客背景资料，初步划分出一些差异最大的细分市场，至少从中选出三个细分市场。

(4) 筛选。根据有效市场细分的条件，对所有细分市场进行分析研究，剔除不合要求、无用的细分市场。

(5) 为细分市场定名。为便于操作，可结合各细分市场上顾客的特点，用形象化、

【拓展视频】

直观化的方法为细分市场定名,如将某旅游市场分为商人型、舒适型、好奇型、冒险型、享受型、经常外出型等。

(6) 复核。进一步对细分后选择的子市场进行调查研究,充分认识各细分市场的特点、本企业所开发的细分市场的规模、潜在需求,以及还需要对哪些特点进一步分析研究等。

(7) 决定细分市场规模,选定目标市场。企业在各子市场中选择与本企业经营优势和特色相一致的子市场,作为目标市场。没有这一步,就不能达到细分市场的目的。

经过以上七个步骤,企业便完成了市场细分的工作,就可以根据自身的实际情况确定目标市场并采取相应的目标市场策略。

案例 2-3

市场细分程序案例

一家航空公司对从未乘过飞机的人很感兴趣(细分标准是顾客的体验)。而从未乘过飞机的人又可以细分为害怕飞机的人、对乘飞机无所谓的人,以及对乘飞机持肯定态度的人(细分标准是态度)。在持肯定态度的人中,又包括高收入有能力乘飞机的人(细分标准是态度)。于是这家航空公司就把力量集中在开拓那些对乘飞机持肯定态度,只是还没有乘过飞机的高收入群体。

2.2.6 市场细分的方法

市场细分的方法主要有单一变量法、主导因素排列法、综合因素细分法、系列因素细分法等。

(1) 单一变量法,是指根据市场营销调研结果,把选择影响消费者或用户需求最主要的因素作为细分变量,从而达到市场细分的目的。这种细分法以公司的经营实践、行业经验和对组织客户的了解为基础,在宏观变量或微观变量间,找到一种能有效区分客户并使公司的营销组合产生有效对应的变量而进行的细分。例如,玩具市场需求量的主要影响因素是年龄,可以针对不同年龄段的儿童设计适合不同需要的玩具,这早就为玩具商所重视。除此之外,性别也常作为市场细分变量而被企业所使用,妇女用品商店、"女人街"等的出现正反映出性别标准为大家所重视。

(2) 主导因素排列法,即用一个主导因素对市场进行细分,如按性别细分化妆品市场、按年龄细分服装市场等。这种方法简便易行,但难以反映复杂多变的顾客需求。

(3) 综合因素细分法,即用影响消费需求的两种或两种以上的因素进行综合细分。例如用生活方式、收入水平、年龄三个因素可将妇女服装市场划分为不同的细分市场。

(4) 系列因素细分法。当细分市场所涉及的因素是多项的,并且各因素是按一定的顺序逐步进行,可由粗到细、由浅入深,逐步进行细分,这种方法称为系列因素细分法。

2.2.7 市场细分的注意事项

1. 市场细分的区隔划分

市场可以细分，因为人从性格上可以分很多类，市场主要说的是人的一种需求。人从婴幼儿到老年都是有需求的，但是相同的产品不可能适应所有人。一种产品适合一个年龄段的人群，这个年龄段就叫整体人群的区隔人群。群体大就是大的区隔人群，小的就是小的区隔人群。人群划分出几块儿来，有婴儿、幼儿、少儿、少年、青年、壮年、中年、老年，这是从年龄上分出来的区隔，还可以从性别上、经济能力上进行区隔。有些产品适合从年龄上区隔，有些产品适合从性别上区隔，还有些适合从经济能力上区隔。

区隔市场与市场细分不同，区隔是区隔出一个大的市场人群，也叫市场区隔。它可以用一个产品类别去对应，除了对应不同年龄，还可以对应男性、女性。在男性和女性当中，还可以从年龄上对应青年女性、青年男性，或者是中年女性、中年男性，这些都叫区隔，用一个大产品类别对应市场的一类人群的就叫区隔市场。

在区隔市场的基础上细分市场。在区隔市场中，还会把这些已经区隔的人群进行细分。例如，一个产品面对 25～35 岁的女性群体，这是它的消费人群。如果它是女性化妆品，其市场已经非常成熟了，这个年龄段的消费者已经不满足这个产品给她们带来的产品的共性利益了，所以要进行细分。如何细分呢？就是在产品的共性利益基础上加上个性利益，然后针对这个年龄段不同个性特点的人所要求的个性利益点，这就是细分。什么叫对应利益点呢？例如，生产一块香皂，共性的利益是去污、杀菌。这个利益对这个年龄段的人都有作用。但细分之后就产生了不同，美白香皂就对应了一类既去污，又杀菌，还需要美白的人群。另外，润肤的香皂就对应了需要润肤的人群，还有需要保养的、需要防衰老的等。

2. 市场越成熟，细分越细

由于市场竞争的加剧，在大的细分条件下还出现了更细的细分。为满足更多种类消费者的最大需求，市场越是成熟，细分的标准应越是具体化。

案例 2-4

服装的市场细分

服装可以从职业上细分，可以从生活方式上细分，还可以分早上、中午、晚上的服装。在这些服装当中，每一种还可以对应不同的性格人群。例如，一个女孩如果比较活泼，可以穿活泼一点儿的服装；如果比较内向，可以穿比较素雅或者比较内敛的服装。

服装的大类别里面可以分出商务服装、休闲服装，还可以有商务休闲服装。休闲服装本身还有很多种类，比如说户外攀岩服装、户外野游服装、户外运动服装，还有户外时尚的。在一种大的需求方式中，同一个人在不同时间点上的需求也不同，这也是细分。有了这样细分的需求，才会有细分的产品来对应。

3. 依靠调研考量市场的成熟程度进行细分

一个需求得到满足之后，人们会追求更高层次的需求。如果市场还处于简单的、基本需求状态，企业生产一种细分产品进入这个市场就要先使市场跟上其步伐，这是很难做到的。

消费者的认识是逐步发展的，认识还没有到这一点的时候，单靠一家企业的力量实现这种跨越是不可能的。如果在英国有这个市场，人们希望中国也有这个市场，这种想法不一定完全现实。中国有企业可能会有这个条件和能力，但是不一定有这种意识。市场的前进是按部就班的，企业要根据市场的调研结果来考虑产品的市场是处于什么阶段，只有到了相对成熟的状态下，才可以用产品去细分。用产品细分的目的也是对应市场的需求，所以，市场细分是在成熟条件下产生的。

赠送一包花生米——寻找市场，创造需求

满足消费者当前的需求，只是被动地适应市场。根据经济与社会发展，去创造消费者需求，开拓明天的市场空间，掌握明天的市场，才能真正主宰市场。

宣传奇才哈利(Harry)少年的时候在一家马戏团做童工，他的任务是负责在马戏场内叫卖零食。但是每次看戏的人不多，买东西吃的人则更少，尤其是饮料，很少有人问津。有一天，哈利突然想到一个主意：向每一位观众赠送一包花生米，用来吸引观众。他把这个想法告诉了老板，老板认为他的想法很荒唐。于是，哈利便用自己那点微薄的工资做担保，希望老板让他尝试一下，并保证说，如果赔钱的话就从他的工资里面扣；如果赚钱了，自己只要一半，老板才勉强同意。以后每次马戏团的演出场地外就多了一个义务宣传员："好消息！来看马戏的观众可以免费得到一包好吃的花生米！"在哈利不停的叫喊声中，观众比往常多了很多。当观众进场以后，哈利便开始叫卖起饮料来，绝大多数观众在吃完花生之后觉得口渴都会买一瓶饮料。这样一场马戏下来，马戏团的营业额比平常增加了十几倍。原来哈利在炒花生的时候加了少量的盐，虽然使花生变得更好吃了，但观众也会越吃越口渴，饮料的生意自然就好了起来。

营销智慧

哈利成功营销的故事告诉我们，市场营销中一个重要的法则就是要善于创造需求。有需求才有生产，这是传统市场营销的观念。当今世界，市场竞争十分激烈，产品的市场寿命变得越来越短。以前，产品从进入市场到退出市场，时间可能是几年或者十几年，企业有大量充裕的时间来追踪和适应市场的需要，如今，产品给人的感觉是"一闪而过"。其实，有不少潜在的消费需求还没有被企业所发现，只要找到消费者新的消费需求，就会开发出有前途的新产品和新市场。对于某些市场、某些行业来说，应当主动去创造需求。在上面这个故事中，正是由于哈利送给观众一包免费的花生米，才使观众觉得口渴，对饮料形成了需求，进而也就形成了市场。需求创造原则认为，需求并非一成不变，它可以通过企业的努力去扩展和创造。创造需求理论要求决策者拥有最广阔的视野，通过精确的市场调查和分析，运用新思维，挖掘出隐藏在消费者内心深处的潜在需求，进而果断地实施心理需求攻势，引导消费者把潜在的需求变成现实的需要，这样才能创造出新的需求增长点，开拓新的市场。

会展行业创造需求原则要求企业明确需求的可创造性。首先，需求具有多样性，它是不断发展的，具有一定的层次性。需求会随着社会和经济的发展以及科技的进步而变化。其次，由于一些会展企业根本不考虑某些需求的存在，也不去进行调查分析，而是一味地坚持自己的想法，固执己见，导致有些需求实际存在，但却没有被企业所发现或不被企业所关注。再次，企业要去挖掘、去引导潜在的需求，即连顾客自己也不知道存在的需求。最后，创造需求还要求企业懂得怎样创造需求，即发现出、创造出和提供出什么样的价值，企业必须保证顾客所要求的利益在顾客心中是最有价值的，即真正解决顾客的实际问题和满足顾客切实需求的服务。实践证明，专业观众、目标观众及潜在消费者的需求是会展企业生存发展的关键，市场变幻莫测，企业要不断地去发现、挖掘和创造他们的需求，开拓创新，抓住转瞬即逝的机会，产生联想，引发灵感，进而采取行动。这可以说是一个会展企业在以后的发展中必须认真思考的问题。

2.3 市 场 定 位

市场定位是在 20 世纪 70 年代由美国营销学家阿尔·里斯(Al Ries)和杰克·特劳特(Jack Trout)提出的，其含义是指企业根据竞争者现有产品在市场中所处的位置，针对顾客对该类产品某些特征或属性的重视程度，为本企业产品塑造与众不同的、给人以鲜明的形象，并将这种形象生动地传递给顾客，从而使该产品在市场上确定适当的位置。

2.3.1 市场定位的分类

市场定位并不是对一件产品本身做些什么，而是在潜在消费者的心目中做些什么。市场定位的实质是使本企业与其他企业严格区分开来，使顾客明显感觉和认识到这种差别，从而在顾客心目中占有特殊的位置。

市场定位可分为对现有产品的再定位和对潜在产品的预定位。对现有产品的再定位可能导致产品名称、价格和包装的改变，但是这些外表变化的目的是保证产品在潜在消费者的心目中留下值得购买的形象。对潜在产品的预定位，要求营销者必须从零开始，使产品特色确实符合所选择的目标市场。公司在进行市场定位时，一方面要了解竞争对手的产品具有何种特色；另一方面要研究消费者对该产品的各种属性的重视程度，然后根据这两方面进行分析，再选定本公司产品的特色和独特形象。

2.3.2 市场定位的内容

(1) 产品定位：侧重于产品实体定位质量，包括产品的成本、特征、性能等。

(2) 企业定位：确定企业形象及发展方向目标，包括品牌塑造、员工素质能力、企业管理等。

(3) 竞争定位：确定企业相对于竞争者的市场位置。
(4) 消费者定位：确定企业的目标顾客群。

【拓展案例】

宝洁公司用故事将品牌植入消费者意识

不要以为宝洁会做的仅仅是大把撒银子做广告，事实上，这位全球日化老大善于用各种手段，将旗下品牌做到足够的深入人心。

"因为7岁的儿子，家里只要购买香皂，一定是选舒肤佳。"一位消费者对《第一财经日报》表示。他看重的是舒肤佳品牌所强调的去菌效果。孩子好动，容易沾染细菌，如何除菌，而后长久抑菌，在"舒肤佳"电视广告中，穿"白大褂"的阿姨会告诉你怎么办，所以这一品牌可以迅速获得稳固的受众群。

宝洁不只教一代中国人怎么保护孩子健康，还教大家用"海飞丝"去头皮屑、用"佳洁士"防蛀牙。宝洁旗下这些品牌的广告无一不是通过故事讲述，先揭示一个问题，再告诉你解决方案。

不同的品牌根据目标消费者进行量身定做，准确定位。此后，不论是以广告，还是其他形式，都要达成对消费者潜移默化的品牌"渗透"效果。这就是宝洁品牌策略的本质。

据统计，宝洁公司每年的广告宣传费用占全年销售总额的八分之一，第一，通过在电视、网络、杂志上做广告；第二，通过在全国范围内聘请形象代言人、在高校设立奖学金、与国家相关部门搞公益活动等来提高品牌认知度；第三，为了占领终端消费市场，宝洁力求产品在城市的超市、商场中占据很大的货架空间。

令诸多跨国公司头疼的中国农村市场，宝洁全国性的"路演"成为有效的品牌推广模式。此类路演正在为宝洁品牌推广加分。

1996年，一项简单的农村市场调查表明，农村消费者对"汰渍"和"舒肤佳"品牌认知度极低，尤其目标消费者（家庭妇女）的认知度更低得惊人。

当年5月，宝洁路演的全国试点正式开始。在临安高虹，通过一辆演示车，宝洁将汰渍、飘柔、舒肤佳三个定位大众的品牌在乡镇挨家挨户地推广。

演示非常简单，甚至夹杂了很重的表演成分。例如，为了展示汰渍洗衣粉的洁净能力，演示人员往往是拿出一块白布，将酱油、西红柿汁、菠菜汁、泥浆一股脑地泼上去，然后，再用汰渍洗衣粉将这块白布洗干净。之后，舒肤佳和飘柔也用同样的方式进行演示。这种"眼见为实"的演示对于农村市场十分奏效，可以让他们立刻知晓"汰渍"品牌的真正含义。

在一个以纯农业劳作为主的山村，约有135来户人家，居所分散。宝洁的演示活动就在村里的打谷场摆开阵势。因为在活动前请经销商挨家挨户发过一个简单的活动广告，所以村民几乎倾巢出动，将演示车围了几层。

面对面的展示之后，135户人家的小村落，一下销出了150份优惠价包装的产品，到达率几乎达到100%。而之前，宝洁的品牌形象可能从未出现在这些地方。

当年5月下旬、6月中旬、7月上旬、8月上旬，类似的路演测试活动分批分区，布点式地在浙江和黑龙江60多处村镇展开。所有的布点，在选取之前都充分掌握了区域规模、经济发展程度、人口统计背景、地处偏僻度诸方面的情况。每一个地方，在推广品牌的活动中，都要对是否设置抽奖环节、是否先期进行广告宣传、测试用产品的销售价格进行不同尝试，从而记录每一组组合对于品牌推广的促进作用。

中国化妆品市场的发展并没有如宝洁之前所预期的那般，而是农村市场的快速发展与城市市场的日趋饱和。之后半年，这个"路演"的推广模式全国推开，正在将宝洁的品牌带往更为深远的国内市场。

2.3.3 市场定位的步骤

市场定位的关键是企业要设法在自己的产品上找出比竞争者更具有竞争优势的特性。竞争优势一般有两种基本类型：一是价格竞争优势，就是在同样的条件下比竞争者定出更低的价格。这就要求企业采取一切措施来降低单位成本。二是偏好竞争优势，即能提供确定的特色来满足顾客的特定偏好。这就要求企业采取一切措施在产品特色上下功夫。因此，企业市场定位的全过程可以通过以下三大步骤来完成。

【拓展案例】

1．明确潜在竞争优势

这一步骤的中心任务是要回答以下三个问题：一是竞争对手产品定位如何？二是目标市场上顾客欲望满足程度如何及确实还需要什么？三是针对竞争者的市场定位和潜在顾客的真正需要的利益要求企业应该及能够做什么？要回答这三个问题，企业市场营销人员必须通过一切调研手段，系统地设计、搜索、分析并报告有关上述问题的资料和研究结果。

通过回答上述三个问题，企业就可以把握和确定自己的潜在竞争优势。

2．选择相对竞争优势

竞争优势表明企业能够胜过竞争对手的能力。这种能力既可以是现有的，也可以是潜在的。选择竞争优势实际上就是一个企业与竞争者各方面实力相比较的过程。比较的指标应是一个完整的体系，只有这样，才能准确地选择相对竞争优势。通常的方法是分析、比较企业与竞争者在经营管理、技术开发、采购、生产、市场营销、财务和产品七个方面究竟哪些是强项，哪些是弱项，借此选出最适合本企业的优势项目，以初步确定企业在目标市场上所处的位置。

3．显示独特的竞争优势和重新定位

这一步骤的主要任务是企业要通过一系列的宣传促销活动，将其独特的竞争优势准确传播给潜在顾客，并在顾客心目中留下深刻印象。为此，企业首先应使目标顾客了解、知道、熟悉、认同、喜欢和偏爱本企业的市场定位，在顾客心目中建立与该定

位相一致的形象。其次,企业通过各种努力强化目标顾客形象,保持目标顾客的了解,稳定目标顾客的态度和加深目标顾客的感情来巩固与市场相一致的形象。最后,企业应注意目标顾客对其市场定位理解出现的偏差或由于企业市场定位宣传上的失误而造成的目标顾客模糊、混乱和误会,及时纠正与市场定位不一致的形象。企业的产品在市场上定位即使很恰当,但在下列情况下,还应考虑重新定位。

(1) 竞争者推出的新产品定位于本企业产品附近,侵占了本企业产品的部分市场,使本企业产品的市场占有率下降。

(2) 消费者的需求或偏好发生了变化,使本企业产品销售量骤减。

重新定位是指企业为已在某市场销售的产品重新确定某种形象,以改变消费者原有的认识,争取有利的市场地位的活动。

案例 2-5

某婴儿洗发剂重新定位案例

某日化厂生产婴儿洗发剂,以强调该洗发剂不刺激眼睛来吸引有婴儿的家庭。但随着出生率的下降,销售量减少。为了增加销售,该企业将产品重新定位,强调使用该洗发剂能使头发松软有光泽,以吸引更多、更广泛的购买者。重新定位对于企业适应市场环境、调整市场营销战略是必不可少的,可以视为企业的战略转移。重新定位可能导致产品的名称、价格、包装和品牌的更改,也可能导致产品用途和功能上的变动,企业必须考虑定位转移的成本和新定位的收益问题。

2.3.4 市场定位的策略

市场定位的策略可分为避强定位策略、迎头定位策略、创新定位策略、重新定位策略。

1. 避强定位策略

避强定位策略是指企业力图避免与实力最强的或较强的其他企业直接发生竞争,而将自己的产品定位于另一市场区域内,使自己的产品在某些特征或属性方面与最强或较强的对手有比较显著的区别。

避强定位策略的优点:能使企业较快地在市场上站稳脚跟,并能在消费者或用户中树立形象,风险小。

避强定位策略的缺点:避强往往意味着企业必须放弃某个最佳的市场位置,很可能使企业处于最差的市场位置。

2. 迎头定位策略

迎头定位策略是指企业根据自身的实力,为占据较佳的市场位置,不惜与市场上占支配地位的、实力最强或较强的竞争对手发生正面竞争，而使自己的产品进入与对手相同的市场位置。

迎头定位策略的优点：竞争过程中往往相当引人注目，甚至产生所谓轰动效应，企业及其产品可以较快地为消费者或用户所了解，易于达到树立市场形象的目的。

迎头定位策略缺点：具有较大的风险性。

【拓展案例】

3．创新定位策略

创新定位策略是寻找新的尚未被占领但有潜在市场需求的位置，填补市场上的空缺，生产市场上没有的、具备某种特色的产品。例如，日本的索尼公司的"随身听"等一批产品正是填补了市场上迷你电子产品的空缺，并进行不断地创新，使得索尼公司即使在第二次世界大战时期也能迅速发展，一跃而成为世界级的跨国公司。采用这种定位方式时，公司应明确创新定位所需的产品在技术上、经济上是否可行，有无足够的市场容量，能否为公司带来合理而持续的赢利。

4．重新定位策略

重新定位策略是在选定了市场定位目标后，如果定位不准确，或者虽然开始定位得当，但市场情况发生变化时，遇到竞争者定位与本公司接近，侵占了本公司部分市场，或者由于某种原因消费者或用户的偏好发生变化，转移到竞争者方面时，就应考虑重新定位。重新定位是以退为进的策略，目的是为了实施更有效的定位。

案例 2-6

万宝路香烟的重新定位

万宝路香烟刚进入市场时，是以女性市场为目标市场，它推出的口号是"像 5 月的天气一样温和"。然而，尽管当时美国吸烟人数年年都在上升，万宝路香烟的销量却始终平平。后来，广告大师李奥·贝纳(Leo Burnett)为其做广告策划，他将万宝路香烟重新定位为男子汉香烟，并将它与最具男子汉气概的西部牛仔形象联系起来，树立了万宝路自由、野性与冒险的形象，从众多的香烟品牌中突显出来。自 20 世纪 80 年代中期到现在，万宝路一直居世界各品牌香烟销量首位，成为全球香烟市场的领导品牌。

市场定位是设计公司产品和形象的行为，以使公司明确在目标市场中相对于竞争对手自己的位置。公司在进行市场定位时，应慎之又慎，要通过反复比较和调查研究，找出最合理的突破口，避免出现定位混乱、定位过度、定位过宽或定位过窄的情况。而一旦确立了理想的定位，公司必须通过一致的表现与沟通来维持此定位，并应经常加以监测以随时适应目标顾客和竞争者策略的改变。

2.3.5 市场定位的战略

(1) 产品差别化战略,即从产品质量、产品款式等方面实现差别。寻求产品特征是产品差别化战略经常使用的手段。

(2) 服务差别化战略,即向目标市场提供与竞争者不同的优异服务。企业在服务方面的竞争力越强,市场差别化就越容易实现。

(3) 人员差别化战略,即通过聘用和培训比竞争者更为优秀的人员以获取差别优势。

(4) 形象差异化战略,即在产品的核心部分与竞争者雷同的情况下塑造不同的产品形象以获取差别优势。

案例 2-7

中国大型会展城市的定位

1. 北京:展览总量居全国之首

北京由于其特殊地位,一直是中国会展城市中的老大,展览总面积居全国之首,展会规模、档次全国领先。北京举办的展览会以经济技术类为主,在全国率先形成了中国会展产业的雏形。

据统计,北京每年的国际展已达 250 多个。在具备举办大型国际展览资格的全国近 250 家展览公司中,北京就占据了一半多。近几年,北京会展业依然保持了较快的发展势头,成为中国办展办会数量最多的城市。

2. 上海:初显国际会展中心魅力

20 世纪 90 年代,上海的会展业加速发展,全国性或国际性会展数量以每年近 20%的速度递增,其中 50 个已有了相当的国际知名度。上海陆续兴建了国际展览中心、世贸商城、农展中心、光大会展中心、上海新国际博览中心等新馆,展览面积都在二三万平方米。在上海,会展市场的竞争已趋于国际化、白热化。APEC 余音在耳,工博会又闪亮登场,两个车展闹得沸沸扬扬……此起彼伏的国际性会议和展览,使上海日益成为中国乃至世界关注的焦点,并开始显现出国际会展中心的魅力和风采。

3. 广州:广交会带来百展争雄

开放程度高是广州会展业最大的特点。依托广交会的影响力,广州周边地区出现了百展争雄的格局。广州是华南政治、经济、文化的中心,也是国内会展业发展最早、会展经济最活跃的地区之一。展览的数量、展览面积、展会规模和影响,都位居全国前列。据不完全统计,广州地区每年举办各种展览会上百个,其中国际性展览占 1/3 强。既有"中国第一展"的广交会,也有后起之秀的广州博览会、美容美发博览会。

如今,广交会是中国目前历史最长、层次最高、规模最大、商品种类最全、到会客商最多、成交效果最好的综合性国际贸易盛会。广交会中国出口商品交易会展览馆,占地 9 万平方米,展览面积达 16 万平方米,是中国目前最大的展览馆。依托广交会的影响力,广州周边地区的展会也蓬勃发展,区域性展会成为广州展览会的主流。

4. 大连：依托服装展异军突起

许多人都已淡忘，大连曾是一座重工业城市。大连产业结构的调整，会展业居功至伟。在大连，有一个市长任组长的展览工作领导小组。会展业在这座城市中有着十分重要的战略地位，而十几个如"大连服装节"这样的定型名牌展会，撑起了大连的会展经济。

以 1996 年大连星海会展中心落成为标志，大连展览业开始作为一个行业迅速发展起来。短短几年内，经贸展览项目由少到多，展览规模从小到大，展览主题由单一到多样，展览性质由综合到专业，以每年 20%的速度快速增长，并逐渐成熟起来。目前，大连市在中国大陆会展城市排名中，位列北京、上海、广州之后。大连的会展业作为一个新兴行业，从一开始便以高起点、发展快、潜力大、规范操作为特点，迅速成为大连市新的经济增长点，并成为创建国际名城的支柱产业之一。大连市会展经济的起步和发展，充分显示了大连市政府的远见卓识和高屋建瓴。

5. 深圳：以高科技展独辟蹊径

随着高交会的成功举办，深圳展览业迎来了发展的春天，展览公司和各种展会如雨后春笋般地冒出来。2000 年全 2001 年两年间，深圳各种商业展会共举办了 200 多个，并形成了深圳的一些知名品牌展会，如钟表展、礼品展、高交会等。深圳得天独厚的地理位置，四通八达的交通网络，日渐完善的服务体系，使发展会展的前景非常广阔。

（资料来源：http://www.shoes.net.cn/）

2.3.6 市场定位的原则

各个企业经营的产品不同，面对的顾客也不同，所处的竞争环境也不同，因而市场定位所依据的原则也不同。总的来讲，市场定位所依据的原则有以下四点。

【拓展案例】

1. 根据具体的产品特点定位

构成产品内在特色的许多因素都可以作为市场定位所依据的原则，如成分、材料、质量、价格等。"七喜"汽水的定位是"非可乐"，强调它是不含咖啡因的饮料，与可乐类饮料不同。"泰宁诺"止痛药的定位是"非阿司匹林的止痛药"，显示药物成分与以往的止痛药有本质的差异。一件仿皮皮衣与一件真正的水貂皮衣的市场定位自然不会一样，同样，不锈钢餐具若与纯银餐具定位相同，也是难以令人置信的。

2. 根据特定的使用场合及用途定位

为老产品找到一种新用途，是为该产品创造新的市场定位的好方法。小苏打曾一度被广泛地用作家庭的刷牙剂、除臭剂和烘焙配料，现在已有不少的新产品代替了小苏打的上述一些功能。有厂家把它当作了调味汁和肉卤的配料，更有一家公司发现它可以作为冬季流行性感冒患者的饮料。我国曾有一家生产"曲奇饼干"的厂家最初将其产品定位为家庭休闲食品，后来又发现不少顾客购买是为了馈赠，又将之定位为礼品。

3．根据顾客得到的利益定位

产品提供给顾客的利益是顾客最能切实体验到的，也可以用作定位的依据。

1975 年，美国米勒啤酒公司(Miller)推出了一种低热量的"Lite"牌啤酒，将其定位为喝了不会发胖的啤酒，迎合了那些经常饮用啤酒而又担心发胖的人的需要。

4．根据使用者类型定位

企业常常试图将其产品指向某一类特定的使用者，以便根据这些顾客的看法塑造恰当的形象。

美国米勒啤酒公司曾将其原来唯一的品牌"高生"啤酒定位于"啤酒中的香槟"，吸引了许多不常饮用啤酒的高收入妇女。后来发现，占 30%的狂饮者大约消费了啤酒销量的 80%，于是，该公司在广告中展示石油工人钻井成功后狂欢的镜头和年轻人在沙滩上冲刺后开怀畅饮的镜头，塑造了"精力充沛的形象"，在广告中提出"有空就喝米勒"，从而成功占领啤酒狂饮者市场达 10 年之久。

事实上，许多企业进行市场定位依据的原则往往不止一个，而是多个原则同时使用。因为要体现企业及其产品的形象，市场定位必须是多维度的、多侧面的。

思考与练习

（一）名词解释

市场细分　市场定位　网络调研　问卷调查

（二）填空题

1．常用的调研方法包括＿＿＿＿、＿＿＿＿、＿＿＿＿、＿＿＿＿和＿＿＿＿。
2．设计答案的原则包括＿＿＿＿、＿＿＿＿、＿＿＿＿和＿＿＿＿、＿＿＿＿。
3．市场细分的方法包括＿＿＿＿、＿＿＿＿、＿＿＿＿和＿＿＿＿。
4．市场定位的策略可分为＿＿＿＿、＿＿＿＿、＿＿＿＿和＿＿＿＿。

（三）简答题

1．阐述市场细分的步骤。
2．阐述市场定位的原则。

（四）实训项目

1．设计调研问卷
实训目的：掌握设计调研问卷的基本结构及问题设计的原则
实训要求：小组合作完成；
　　　　　从主题选择、问卷设计、问卷调研、调研总结等过程材料的记录。

2．运用图表来描述某一产品的细分

实训目的：了解产品的市场细分变量；

　　　　　运用准确的图表进行表达。

实训要求：自主完成；

　　　　　图表清晰。

认识产品

Chapter 3

【学习目标】
- 学会分析一项产品的生命周期及策略
- 学会分析产品定价
- 熟悉国内外及本地区的知名会展产品

案例导入

2016上半年上海会展项目

展会名称：2016中国机床展
展会场馆：国家会展中心
展会时间：2016/3/1～2016/3/4
展会名称：2016华东进出口商品交易博览会(简称华交会)
展会场馆：上海新国际博览中心
展会时间：2016/3/1～2016/3/5
展会名称：2016中国(上海)国际健身、康体休闲展览会
展会场馆：上海世博展览馆
展会时间：2016/3/6～2016/3/8
展会名称：2016上海广告展
展会场馆：中国博览会会展综合体
展会时间：2016/3/9～2016/3/11
展会名称：SILE2016上海国际照明展
展会场馆：国家会展中心(上海)
展会时间：2016/3/9～2016/3/12
展会名称：2016慕尼黑上海电子展
展会场馆：上海新国际博览中心
展会时间：2016/3/15～2016/3/17
展会名称：2016上海国际建筑垃圾处理设备及再利用展览会
展会场馆：上海光大会展中心
展会时间：2016/3/16～2016/3/18
展会名称：2016上海国际分选、分拣设备及技术展览会
展会场馆：上海光大会展中心
展会时间：2016/3/16～2016/3/18
展会名称：2016上海国际振动机械设备及技术博览会
展会场馆：上海光大会展中心
展会时间：2016/3/16～2016/3/18
展会名称：2016上海乐器展
展会场馆：上海光大国际会展中心(西馆)
展会时间：2016/3/17～2016/3/20
展会名称：第十三届中国国际室内环境、空气净化展览会
展会场馆：上海世博展览馆
展会时间：2016/3/29～2016/3/31

展会名称：第十七届中国清洁博览会
展会场馆：上海世博展览馆
展会时间：2016/3/29～2016/3/31

展会名称：2016上海第二十四届中国国际建筑装饰建材展览会暨上海酒店工程与设计展览会
展会场馆：上海新国际博览中心
展会时间：2016/3/29～2016/4/1

展会名称：第二十五届上海国际酒店用品博览会
展会场馆：上海新国际博览中心
展会时间：2016/3/29～2016/4/1

展会名称：上海高端食品与饮料展
展会场馆：上海新国际博览中心
展会时间：2016/3/29～2016/4/1

展会名称：2016上海五金展
展会场馆：国家会展中心(上海)
展会时间：2016/3/31～2016/4/2

展会名称：2016上海成人展
展会场馆：上海跨国采购会展中心
展会时间：2016/4/9～2016/4/12

展会名称：2016第九届中国数控机床展览会
展会场馆：上海新国际博览中心
展会时间：2016/4/11～2016/4/15

展会名称：2016中国国际电梯展览会
展会场馆：国家会展中心(上海)
展会时间：2016/5/10～2016/5/13

展会名称：2016第二十一届中国美容博览会(上海 CBE)
展会场馆：上海新国际博览中心
展会时间：2016/5/18～2016/5/20

展会名称：2016第十五届上海国际日化原料包装机械设备展 CBE
展会场馆：上海新国际博览中心
展会时间：2016/5/18～2016/5/20

展会名称：第十届(2016)国际太阳能(上海)展览会暨论坛
展会场馆：上海新国际博览中心
展会时间：2016/5/18～2016/5/20

展会名称：2016第七届中国国际物流、交通运输及远程信息处理博览会
展会场馆：上海新国际博览中心
展会时间：2016/6/14～2016/6/16

展会名称：2016上海厨房电器展会
展会场馆：上海浦东新国际博览中心

展会时间：2016/6/18～2016/7/2
展会名称：2016上海市政水处理及城市管网产品展会
展会场馆：上海浦东新国际展览中心
展会时间：2016/6/30～2016/7/2
展会名称：2016上海钢结构展会
展会场馆：上海浦东新国际博览中心
展会时间：2016/6/30～2016/7/2
展会名称：2016上海玻璃展会
展会场馆：上海浦东新国际博览中心
展会时间：2016/6/30～2016/7/2
展会名称：2016上海门窗幕墙展览会
展会场馆：上海浦东新国际博览中心
展会时间：2016/6/30～2016/7/2
展会名称：2016上海国际绿色厨房卫浴博览会
展会场馆：上海浦东新国际博览中心
展会时间：2016/6/30～2016/7/2
展会名称：第二十七届中国(上海)国际建筑装饰博览会
展会场馆：上海浦东新国际博览中心
展会时间：2016/6/30～2016/7/2
展会名称：第十八届上海国际别墅及商业建筑配套设施博览会
展会场馆：上海浦东新国际博览中心
展会时间：2016/6/30～2016/7/2
展会名称：2016中国(上海)国际帐篷、篷房及应用技术展览会
展会场馆：上海浦东新国际博览中心
展会时间：2016/6/30～2016/7/2
展会名称：2016年中国国际涂料博览会
展会场馆：上海浦东新国际博览中心
展会时间：2016/6/30～2016/7/2
展会名称：2016上海暖通展览会
展会场馆：上海浦东新国际博览中心
展会时间：2016/6/30～2016/7/2

【拓展视频】

3.1 会展产品

在市场经济条件下，会展产品的经济性是第一性的。从市场供求角度看，任何会展活动都是依托为客户提供会议展览的各种劳动来赢利的。在会展效劳过程中，既要运用各种设备、设备等实物用品，又与会场、展馆等空间和场地密不可分，还需要交

通、食宿、文娱、旅游、金融、信贷等相关机构的有力配合。由此可见，会展效劳是一种典型的综合型产品。应用现代市场营销学的整体产品概念(Total Product Concept，TPC)能够很好理解会展这一综合产品的实质属性。

3.1.1 会展产品的概念

作为对传统产品概念的超越，TPC 强调从整体和系统的角度来看待产品，并注重以社会营销观念来指导产品的设计、消费、销售和效劳。因而，TPC 很好地概括了产品的一般属性，适合于实物产品(有形产品)、虚拟产品(无形产品)等产品的剖析。

依照 TPC 的理论，任何产品都包括三个层次，即中心产品(Core Product)、实体产品(Tangible Product)和附加产品(Augmented Product)，如图 3.1 所示。

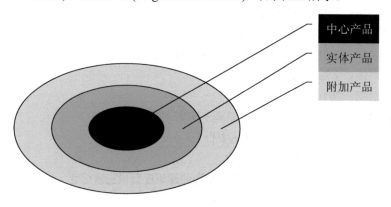

图 3.1 产品三个层次

会展产品同样也包含三个层次：

第一个层次是中心产品层次。在这个层次，会展机构为参与者提供买卖、展现的时机和会展阅历，这是会展参与者在会展过程中得到的中心收益，也是会展参与者参与会展的首要目的所在。

【拓展案例】

第二个层次是实体产品层次。在这个层次，会展机构为参与者提供场地、展位、应位、装饰、餐饮、留念品等实物方式的产品，相应地，会展参与者得到的是享用这些实物带来的有形收益。

第三个层次是附加产品层次，在这个层次会展机构为参与者提供文娱、会演、休闲、旅游、住宿、交通、停车场及其他效劳(包括通信、金融、保险等)，还提供与身份的来宾打交道和停止社交的时机，这些是会展参与者参与会展得到的额外收益。

在这三个层次中，附加产品层次常常是一个会展区别于其他会展的特征和支点(Unique Selling Point，USP)所在，也是会展品牌特征的集中表现。

【拓展视频】

知识拓展

中国进出口商品交易会概况

中国进出口商品交易会又称广交会，创办于 1957 年春季，每年春秋两季在广州举办，迄今已有 55 年历史，是中国目前历史最久、层次最高、规模最大、商品种类最全、到会采购商最多且分布国别地区最广、成交效果最好、信誉最佳的综合性国际贸易盛会。

广交会出口展区由 48 个交易团组成，来自全国两万多家资信良好、实力雄厚的外贸公司、生产企业、科研院所、外商投资/独资企业、私营企业参展。

广交会以进出口贸易为主，贸易方式灵活多样，除传统的看样成交外，还举办网上交易会，开展多种形式的经济技术合作与交流，以及商检、保险、运输、广告、咨询等业务活动。来自世界各地的客商云集广州，互通商情，增进友谊。

3.1.2 会展产品的特征

会展业属于典型的服务业，确切地说，会展行业属于现代流通服务业。所以，会展产品具有服务的一般特点。

1．无形性

会展作为服务产品，首先具有无形性的特点。组展商为参/观展商提供的是一种无形的服务，这种服务产品的消费是在参/观展商既未看到，也未感觉到的情况下完成的。当然，说服务产品是无形的，并不是说服务提供过程中不存在任何有形的物体或要素。事实上，就很多服务的提供来说，有形物体是不可缺少的要素或条件。

2．不可分离性

不可分离性也可以理解为同步性，即会展产品的生产过程与消费过程往往是同一的，两者难以割裂开来，生产和消费具有同步性。这个特征在会议和活动中表现得尤为明显，一次会议或一次活动向消费者提供的产品，只有在这次会议或活动结束时才是完整的。对展览而言，在组展商提供服务的同时，参/观展商也就享受了该种服务。某些情况下，参/观展商不仅在服务生产现场，而且在相当程度上参与了服务生产过程。

3．不可储存性

会展服务的不可储存性是指会展服务无法保留、转售及退还。会展企业在形成提供会展服务的能力后，如果没有顾客购买服务产品，则服务能力就是一种浪费。例如，组展商组织的某一个展会，如果没有参/观展商参加，则形成了服务的浪费。由于不可储存，无法保留，也就无法用预先储存起来的服务满足高峰时期顾客的需要。例如，展会的开幕式进行之后便无法保留。

4．创意性

会展产品具有创意产品的最一般特征。产品生产的过程，主要表现为创意策划、流动和发散的过程。一个会展产品的价值基础是它的主题揭示和设计，但这只是产品的一部分，当然是非常核心的部分，可称为产品之魂。但这个产品之魂必须具体而质感地表现出来，这就需要对主题创意进行完整的演绎。因此，从服务产品的特征来说，会展产品表现为一个过程，从创意产品的特征来说，这个过程就表现为创意策划和创

【拓展文本】

意演绎的过程。创意演绎的主体部分是在会展现场和消费者的消费过程同步展开的，在这个过程中，主题创意在组织、控制、管理、服务、安全、技术、设备等各个环节中流动发散，使得会展产品成为主体创意和集体创意的结合。

3.1.3 会展产品的策略

会展产品最重要的是产品主题的创意和经营思路规划，所以会展产品策略中最重要的是会展产品的开发和组合。

1．会展产品的核心要素包括参展商、观众、展台

对主办方而言，参展商是展会价值的主要体现，同时也是展会收入的主要来源。根据《专业性展览会等级的划分及评定》所确立的标准，境外参展商比例以及参展商满意率，是评价专业展会级别的两个重要指标。为了打造展会的品牌，主办方需要保持参展商的质量和数量，提高参展商对展会的满意度。

对参展商而言，主办方为他们提供展会价值。参展商之所以花成本参加展会，就是因为他们相信，展会能够为他们提供更高的收益。利用展会平台，主办方为参展商提供高质量的客户与客户联系，提供良好的交易环境并实现交易，提供行业最新信息，推广企业及产品形象。如果参展商达到了预期目的，甚至超出了预期目的，他们不仅会信任这个展会，继续参加下届展会，还会告诉其他同行，为展会带来更多的参展商。如果参展商没有达到预期目的，他们就会失望，失望对他们产生的直接负面影响，就是拒绝再参加这个展会。如果参展商再将参加过的展会或其他贸易促进方式进行比较，发现同一时间或同样的成本，其他途径的收益更大，他们就会后悔参展，并将影响他们对展会的满意度，最终影响他们参加下届展会的积极性。所以，一旦参展商对展会产生失望或后悔，会直接影响展会的参展商来源。对主办方而言，专业观众带来的直接现金效益较少，但是观众的质量以及数量，会直接影响参展商对展会的满意度，最终影响展会的效益。为了保证展会的效益，主办方就要保证足够质量和数量的观众。同时，专业观众的比例以及境外观众的比例，也是展会评级的两个重要的指标。对专业观众而言，他们的价值能否实现，关键是展会能否提供高质量的参展商和丰富的展品。一般观众评价一个展会的质量，会从海内外参展商质量、展会规模、展会软硬件设施、展会氛围、现场服务等几个方面考察。如果观众没有达到预期目的，他们也会失望，甚至放弃参加下届展会。

会展产品的形式要素包括展览会基本信息(开幕式、研讨会、会刊、广告、特殊活动、品牌和标志)。

会展产品的附加要素包括(展览会期间的旅游服务、网上展示、展览会调查、展览会跟踪服务)。

2．会展产品组合策略

1）会展产品组合类型

内容与地域组合形式是会展产品的主要组合形式。内容组合形式是根据会展活动的主题选择会展产品组合的类型。选择合适的主题对于会展企业至关重要。地域组合形式是由跨越

一定地域空间、产品特色突出、地域性较大的多个会展产品而构成的组合形式。

2) 会展产品组合策略

(1) 会展产品组合缩减策略。会展产品组合简化策略是会展经营企业缩小会展产品组合广度的策略。这一策略可以减少会展经营企业资金占用，提高资金利用率；实现会展生产的专业化，淘汰已经过时的会展产品。

【拓展视频】

(2) 会展产品组合扩展策略。会展产品组合扩展策略是会展经营企业为扩展经营范围，扩大会展产品组合广度的策略。这一策略有助于会展经营企业扩大经营范围，实行多元化经营，充分利用企业资源，提高经济效益。

(3) 会展产品组合改进策略。会展产品组合改进策略是会展经营企业改进现有产品，发展组合深度的策略。这一策略可以增加细分市场，吸引更多参展企业，提高会展产品的质量。

3) 会展产品品牌策略

会展产品品牌是指用以识别或区别与某会展产品的名称、术语、标记、符号或图案的组合。

成功的会展品牌的标准要素有以下几点：

(1) 权威协会的认证和行业代表的强力支持。会展企业能得到权威协会和行业权威的支持和认可，无疑给展会增加了可信度和巨大的影响力。

(2) 代表某一行业的发展趋势和方向，具有较高的知名度。代表行业的发展方向是品牌化的一个重要标志，具有一定的专业性和前瞻性。

【拓展案例】

(3) 提供专业的会展服务和完善的功能。从项目的策划到实施的每一个过程都具备较高的专业化水准和完善的功能。

(4) 具有一定的规模。品牌展会能吸引众多参展商、专业观众的参与，具备相当的层次规模效应。

(5) 多种强势媒体的配合。塑造品牌的重要手段是配合新闻媒体的宣传。

案例 3-1

2016 年东博会将重点促进国际产能合作 推进互联互通

7 月 19 日，国新办(中华人民共和国国务院新闻办公室)就中国-东盟经贸合作情况和第 13 届中国-东盟博览会等情况举行发布会。广西壮族自治区副主席张晓钦介绍，第13 届中国-东盟博览会将重点围绕：促进国际产能合作、推进周边互联互通、推动中国-东盟信息港建设、促进国际园区合作、深化多领域合作，共五大领域促成各方达成新的合作。

【拓展视频】

一是促进国际产能合作。去年东博会首次举办了国际产能合作系列活动，签约 34 个产能合作项目。今年将举办国际产能合作展、重点项目对接会、澜湄国家产能合作圆桌会等活动。届时中国中车、中国路桥、中国电子等企业和辽宁、河北、山东、浙江、福建等省份将参展参会。

二是推进周边互联互通。陆上、海上互联互通是中国-东盟合作的重点领域和先行基础。本届展会将围绕高速公路、铁路、港口、物流等领域举办对接洽谈和论坛等活动，助推中国-中南半岛经济走廊、中国-东盟港口城市合作网络建设。

三是推动中国-东盟信息港建设。今年4月，国务院批准了中国-东盟信息港建设方案。将以南宁为核心基地，构建中国与东盟之间基础设施、信息共享、技术合作、经贸服务、人文交流五大平台，形成区域国际通信网络体系，发展互联网经济、跨境电子商务、网络创意文化、新一代信息技术、云计算和大数据、智慧城市等，共筑"信息丝绸之路"。今年将继续举办中国-东盟信息港论坛、中国-东盟电子商务峰会。

四是促进国际园区合作。东博会为催生中马"两国双园"提供了服务平台。本届将举办东盟产业园区招商大会、国内外园区推介会、中国-东盟投资合作圆桌会等，促进园区发展转型升级和跨境产业合作。

五是深化多领域合作。本届会期将举办中国-东盟质检、金融、科技、农业、林业、矿业、统计、工商、环保、电力、文化、教育、卫生、气象、广电、减贫等领域的35个会议论坛，内容涵盖了多领域、全方位的交流合作。

3.1.4 会展产品的生命周期

会展产品的生命周期包括投入期、成长期、成熟期和衰退期四个阶段。会展企业根据会展产品所处的生命周期的不同阶段，灵活地进行产品的策略。

(1) 投入期。是指新的展会项目投入市场的时间。这一时期，为了扩大项目的影响力，需要进行大量的宣传。

(2) 成长期。这一时期，会展企业将要面临的是竞争者纷纷进入市场参与竞争，企业应提高展会项目的创新性，得到市场的认可。

(3) 成熟期。市场已经趋于饱和。目标客户和潜在目标客户越来越少，竞争也逐渐加剧。企业应开发新的项目，增强企业的竞争力。

(4) 衰退期。会展产品如进入衰退期，企业应及时退出这一市场。积极开发和运作新的会展产品。

3.1.5 产品各阶段的营销策略

典型的产品生命周期的四个阶段呈现出不同的市场特征，会展企业的营销策略也就以各阶段的特征为基点来制定和实施。

1. 介绍期市场营销策略

介绍期的特征是产品销量少，促销费用高，制造成本高，销售利润很低甚至为负值。根据这一阶段的特点，企业应努力做到：投入市场的产品要有针对性；进入市场的时机要合适；设法把销售力量直接投向最有可能的购买者，使市场尽快接受该产品，以缩短介绍期，更快地进入成长期。

在产品的介绍期，一般可以由产品、价格、渠道、促销四个基本要素组合成各种不同的市场营销策略。仅将价格高低与促销费用高低结合起来考虑，就有下面四种策略。

(1) 快速撇脂策略。以高价格、高促销费用推出新产品。实行高价策略可在每单位销售额中获取最大利润，尽快收回投资；高促销费用能够快速建立知名度，占领市场。实施这一策略须具备以下条件：产品有较大的需求潜力；目标顾客求新心理强，急于购买新产品；企业面临潜在竞争者的威胁，需要及早树立品牌形象。一般而言，在产品引入阶段，只要新产品比替代的产品有明显的优势，市场对其价格就不会那么计较。

【拓展案例】

(2) 缓慢撇脂策略。以高价格、低促销费用推出新产品。目的是以尽可能低的费用开支求得更多的利润。实施这一策略的条件：市场规模较小；产品已有一定的知名度；目标顾客愿意支付高价；潜在竞争的威胁不大。

(3) 快速渗透策略。以低价格、高促销费用推出新产品。目的在于先发制人，以最快的速度打入市场，取得尽可能高的市场占有率；随着销量和产量的扩大，使单位成本降低，取得规模效益。实施这一策略的条件：该产品市场容量相当大；潜在消费者对产品不了解，且对价格十分敏感；潜在竞争较为激烈；产品的单位制造成本可随生产规模和销售量的扩大迅速降低。

(4) 缓慢渗透策略。以低价格、低促销费用推出新产品。低价可扩大销售，低促销费用可降低营销成本，增加利润。这种策略的适用条件：市场容量很大；市场上该产品的知名度较高；市场对价格十分敏感；存在某些潜在的竞争者，但威胁不大。

2．成长期市场营销策略

新产品经过市场介绍期以后，消费者对该产品已经熟悉，消费习惯业已形成，销售量迅速增长，这种新产品就进入了成长期。进入成长期以后，老顾客重复购买，并且带来了新的顾客，销售量激增，企业利润迅速增长，在这一阶段利润达到高峰。随着销售量的增大，企业生产规模也逐步扩大，产品成本逐步降低，新的竞争者会加入竞争的行列。随着竞争的加剧，新的产品特性开始出现，产品市场开始细分，分销渠道增加。企业为维持市场的继续成长，需要保持或稍微增加促销费用，但由于销量增加，平均促销费用有所下降。针对成长期的特点，企业为维持其市场增长率，延长获取最大利润的时间，可以采取下面几种策略。

(1) 改善产品品质，如增加新的功能，改变产品款式，发展新的型号，开发新的用途等。对产品进行改进，可以提高产品的竞争能力，满足顾客更广泛的需求，吸引更多的顾客。

(2) 寻找新的细分市场。通过市场细分，找到新的尚未满足的细分市场，根据其需要组织生产，迅速进入这一新的市场。

【拓展文本】

(3) 改变广告宣传的重点。把广告宣传的重心从介绍产品转到建立产品形象上来，树立产品名牌，维系老顾客，吸引新顾客。

(4) 适时降价。在适当的时机，可以采取降价策略，以激发那些对价格比较敏感的消费者产生购买动机和采取购买行动。

3．成熟期市场营销策略

进入成熟期以后，产品的销售量增长缓慢，逐步达到最高峰，然后缓慢下降；产品的销售利润也从成长期的最高点开始下降；市场竞争非常激烈，各种品牌、各种款式的同类产品不断出现。

对成熟期的产品，宜采取主动出击的策略，使成熟期延长，或使产品生命周期出现再循环。为此，可以采取以下三种策略。

(1) 市场调整策略。这种策略不是要调整产品本身，而是发现产品的新用途、寻求新的用户或改变推销方式等，以使产品销售量得以扩大。

(2) 产品调整策略。这种策略是通过产品自身的调整来满足顾客的不同需要，吸引有不同需求的顾客。整体产品概念的任何一层次的调整都可视为产品再推出。

(3) 市场营销组合调整策略。即通过对产品、价格、渠道、促销四个市场营销组合因素加以综合调整，刺激销售量的回升。常用的方法包括降价、提高促销水平、扩展分销渠道和提高服务质量等。

4．衰退期市场营销策略

衰退期的主要特点：产品销售量急剧下降；企业从这种产品中获得的利润很低甚至为零；大量的竞争者退出市场；消费者的消费习惯已发生改变等。面对处于衰退期的产品，企业需要进行认真的研究分析，决定采取什么策略，在什么时间退出市场。通常有以下几种策略可供选择。

(1) 继续策略。继续沿用过去的策略，仍按照原来的细分市场，使用相同的分销渠道、定价及促销方式，直到这种产品完全退出市场为止。

(2) 集中策略。把企业能力和资源集中在最有利的细分市场和分销渠道上，从中获取利润。这样有利于缩短产品退出市场的时间，同时又能为企业创造更多的利润。

(3) 收缩策略。抛弃无希望的顾客群体，大幅度降低促销水平，尽量减少促销费用，以增加目前的利润。这样可能导致产品在市场上的衰退加速，但也能从忠实于这种产品的顾客中得到利润。

(4) 放弃策略。对于衰退比较迅速的产品，应该当机立断，放弃经营。可以采取完全放弃的形式，如把产品完全转移出去或立即停止生产；也可采取逐步放弃的方式，使其所占用的资源逐步转向其他的产品。

产品生命周期理论是美国哈佛大学教授雷蒙德·弗农(Raymond Vernon)1966 年在其《产品周期中的国际投资与国际贸易》一文中首次提出的。

1. Seeloard 能源公司企业品牌形象

谈到树立企业品牌形象所涉及的因素，最开始要从 Seeloard 能源公司说起。解除对能源工业限制后，这个企业在已有电力企业的基础上成立。作为一个在该地区为 200 万人供电的垄断企业，它意识到自己要和全英国的大企业和一些新成立的公司竞争。

随着竞争对手降低价格和提供上门服务，其客户持续流失，到 2001 年，几乎每周要失去 10 000 名顾客。通过调查发现内部和外部对企业持有截然不同的看法。"公司内部充满了热情与活力，但是客户对此一无所知。所以客户认为该公司缓慢、传统而守旧。"于是企业和顾客间所有的接触点都被绘制出来了。

围绕着培训、广告、展览、直复营销、呼叫中心和内部沟通的一项整合计划展开了。主题是充满热情地为顾客服务，让员工和企业文化成为顾客心中的英雄。"解决方案的真谛是基于品牌的本质，这也是能够发挥作用的原因。"

尽管仍然有消费者和企业更换能源供应商，但 Seeloard 公司现在已经实现净赢利。内部调整减少了人员调动从而节省了招聘支出和培训费用，这些钱都可以用在营销工作上。

(资料来源：营销经济 2003 年 2 月刊)

2. 体博会是如何做大的？

1993 年西安、1994 年福州、1995 年天津……直至 2001 年进京办展之前，中国国际体育用品博览会从无到有、从有到强的常规动作。2011 体博会在成都举办，面积达到 10 万平方米。

1) 打造体育用品行业的"风向标"

通过体博会的平台打造体育文化，将基础体育、竞技体育与全民健身相结合，让企业从中发现新的商机。对各门类的新产品、新技术、新材料进行大规模、全方位的宣传，在体博会期间开设新品展示区。国际国内企业新的营销模式、经营理念、销售管理思想，通过体博会期间组织论坛、培训班、邀请业内名师和专家的方式得到丰富，提供深度服务的能力和质量。

发布行业白皮书，对国内外先进技术、新产品、新理念，以及由此产生的市场机会和行业信息进行发布。

2) 有所为有所不为

体博会虽然是一个综合性体育用品展会，但并不全面出击，而是选择健身器材、户外休闲用品、运动服饰、体育场馆设施、网羽球器材、轮滑运动自行车等专业门类重点突破，提供专业深度的服务，进行专业领域的传播。

3) 重视品牌营销的力量

综观体博会成长壮大的过程，有两个基本面是组委会一直在做的—展会创新和品牌营销。前者着力点在展会，后者借助专业公司的力量，体博会不断加大、加强在新闻宣传、媒体公关方面的投入，整合媒体资源，不断完善体博会传播体系。

4) 深化社会和行业责任

由于体博会的主办方是国家体育总局和中国体育用品联合会，因此，利用展会在国家政策解读，宏观经济数据发布，行业新的投资、经营理念引入等方面体现着权威性。主办方还注意把政府和市场两种手段进行有机结合，在展会的细微之处，不断打造对展商、专业观众和媒体的中华专业服务体系。

(资料来源：中外会展 2011.23 期)

3.2 产品价格

【拓展文本】

价格是公司经营者最重要的决策之一，是市场营销组合中唯一为公司提供收益的因素,是市场竞争中的一种重要手段。在大多数情况下,就商品型产品而言,价格一直是购买者选择的主要决定因素。定价是否得当,将直接关系到产品的销售量和公司的利润额。确定合理的价格和价格政策,是各类公司经营者面临的具有现实意义的重要问题。

3.2.1 价格概述

1. 价格的定义

从最狭义的角度来说,价格是对一种产品或服务的标价;从广义的角度来看,价格是消费者在交换中所获得的产品或服务的价值。历史上,价格是通过买卖双方的协商来确定的。价格并非是一个数字或一种术语,它可以以许多名目出现。大致可以分为商品的价格和服务的价格两大类。商品价格是各类有形产品和无形产品的价格,货物贸易中的商品价格称为价格;服务价格是各类有偿服务的收费,服务贸易中的商品价格称为费,如运输费或交通费、保险费、利息、学费、服务费、租金、特殊收费、薪金、佣金、工资等。

2. 价格的内涵

所有营利性组织和许多非营利性组织都必须为自己的产品或服务定价。在营销组合中,价格是营销组合中唯一能创造收益的因素;其他因素都表现为成本。价格是最容易调节的营销组合因素,同时也是企业或产品或品牌的意愿价格同市场交流的纽带。价格通常是营销产品销售的关键因素,是营销成功与否的决定性因素之一。

3. 价格的构成

商品价格的形成要素及其组合,亦称价格组成。它反映商品在生产和流通过程中物质耗费的补偿,以及新创造价值的分配,一般包括生产成本、流通费用、税金和利润四个部分。

生产成本和流通费用构成商品生产和销售中所耗费用的总和,即成本。这是商品价格的最低界限,是商品生产经营活动得以正常进行的必要条件。生产成本是商品价格的主要组成部分。构成商品价格的生产成本,不是个别企业的成本,而是行业(部门)的平均成本,即社会成本。流通费用包括生产单位支出的销售费用和商业部门支出的商业费用。商品价格中的流通费用是以商品在正常经营条件下的平均费用为标准计算的。

税金和利润是构成商品价格中赢利的两个部分。税金是国家通过税法,按照一定标准,强制地向商品的生产经营者征收的预算缴款。按照是否计入商品价格,税金可以分为价内税和价外税。利润是商品价格减去生产成本、流通费用和税金后的余额。按照商品生产经营的流通环节,可以分为生产利润和商业利润。

不同类型的价格,其构成的要素及其组合状态也不完全相同。例如,工业品出厂价格是由产品的生产成本加利润、税金构成;工业品零售价格由工业品批发价格加零售企业的流通费用、利润、销售税金构成。这两种价格的各个要素所占的比重也略有不同。例如,工业品出厂价格中利润所占的比重一般要高于工业品零售价格中的利润比重。

3.2.2 企业制定价格需考虑因素

价格策略是企业营销组合的重要因素之一,它直接地决定着企业市场份额的大小和赢利率高低。企业的定价决策受企业内部因素的影响，也受外部环境因素的影响，见表 3-1。随着营销环境的日益复杂，制定价格策略的难度越来越大，不仅要考虑成本补偿问题，还要考虑消费者的接受能力和竞争状况。

表 3-1 影响企业定价的因素

内 部 因 素	外 部 因 素
营销目标	市场和需求的性质
营销组合战略	竞争对手
组织考虑	其他外部因素(经济、中间商、政府、社会关注问题)

1．影响定价决策的内部因素

1) 营销目标

产品的定价要遵循市场规律，讲究定价策略，而定价策略又是以企业的营销目标为转移的，不同的目标决定了不同的策略和不同的定价方法与技巧。同时，价格策略作为企业实现经营目标的手段，直接影响企业的经营成效，具体表现在不同的价格水平会对企业的利润、销售额和市场占有率产生不同的影响，因此，企业在实施定价策略时，要结合企业内部情况、目标市场的经济、人文情况及竞争对手情况，根据对企业的生存和发展影响最大的战略因素来选择定价目标。

2) 营销组合战略

由于价格是市场营销组合因素之一，产品定价时要注意价格策略与产品的整体设计、分销和促销策略相匹配，形成一个协调的营销组合。如果产品是根据非价格图表来定位的，那么有关质量、促销和销售的决策就会极大地影响价格；如果价格是一个重要的定位因素，那么价格就会极大地影响其他营销组合因素的决策。因此，营销人员在定价时必须考虑到整个营销组合，不能脱离其他营销组合而单独决定。

3) 成本

产品从原材料到成品要经过一系列复杂的过程，在这个过程中必然要耗费一定的资金和劳动，这种在产品的生产经营中所产生的实际耗费的货币表现就是成本，它是产品价值的基础，也是制定产品价格的最低经济界限，是维持简单再生产和经营活动的基本前提。产品的价格必须能够补偿产品生产、分销和促销的所有支出，并能补偿企业为产品承担风险所付出的代价。低成本的企业能设定较低的价格，从而取得较高的销售量和利润额。因此，企业想扩大销售或增加利润，就必须降低成本，从而降低价格，提高产品在市场上的竞争力。如果企业生产和销售产品的成本大于竞争对手，那么企业将不得不设定较高的价格或减少利润，从而使自己处于竞争劣势。

4) 组织考虑

每个企业规模有大小，财务状况不同，经销指标不同，企业价值取向也不同。对于追求利润型企业，高价格是企业定价方向；而对于追求市场份额的企业来讲，中、低价格定位是企业定价方向。同时根据企业自身状况需考虑综合因素，如品牌、市场地位、推广费用、渠道建设情况、产品的包装、产品规格等来制定价格。

2. 影响定价的外部因素

1) 市场和需求的性质

与成本决定价格的下限相反，市场和需求决定价格的上限。在设定价格之前，营销人员必须理解产品价格与产品需求之间的关系。

在市场经济条件下，市场结构不同，即企业及其产品在市场上的竞争状况不同，企业的价格策略也不同。企业价格决策面临的竞争主要来自同行业生产者、经营者之间的竞争，尤其是市场处于买方市场的势态下，卖方间的竞争十分激烈，企业价格决策者必须熟悉本企业产品在市场竞争中所处的地位，分析市场中竞争对手的数量，以及它们的生产、供应能力和市场行为，从而做出相应的价格策略。针对不同的市场结构而采用的价格策略是不同的。根据市场竞争程度的具体因素，可以把市场划分为完全竞争市场、垄断竞争市场、完全垄断市场和寡头垄断市场四种类型。

同时市场供求状况也是企业价格决策的主要依据之一。企业对产品的定价，一方面必须补偿经营所耗费的成本费用并保证一定的利润；另一方面也必须适应市场对该产品的供求变化，能够为消费者所接受。例如，企业的产品是供哪一个人群使用；是用于儿童、老人、男士、女性等个体消费，还是用于家庭消费、团体消费；是用于奢华型消费，还是普通消费。一般来讲用于儿童、女性、团体消费或奢华型消费的产品价格都相对较高，企业多是采用高价位，反之亦然。否则，企业的价格决策会陷入一厢情愿的境地。企业需考虑整体消费水平、消费习性、市场规模和容量及市场发展趋势几个因素来对产品进行综合评价制定价格。

2) 竞争对手

竞争价格因素对产品价格的影响主要表现为竞争价格对产品价格水平的约束。同类产品的竞争最直接表现为价格竞争。如果企业采取高价格、高利润的战略，就会引来竞争；而低价格、低利润的战略可以阻止竞争对手进入市场或者把它们赶出市场。如果企业试图通过适当的价格和及时的价格调整来争取更多顾客，这就意味着其他同类企业将失去部分市场，或维持原有市场份额要付出更多的营销努力，因而在竞争激烈的市场上，企业都会认真分析竞争对手的价格策略，密切关注其价格动向并及时做出反应。

3) 其他外部因素

在设定价格时，企业还必须考虑外部环境中的其他因素。经济条件对企业的价格策略有很大影响。例如，经济增长和衰退、通货膨胀和利率等因素会影响产品的生产成本及消费者对产品和价值的看法。企业制定价格时应该能够给销售商带去可观的利润，鼓励他们对产品的支持，以及帮助他们有效地销售产品。营销人员需要了解影响价格的政府法律、法规，并确保自己的定价决策具有可辩护性。同时企业在制定价格时，企业的短期销售、市场份额和目标利润将必须服从于整个社会的需要。

3.2.3 产品价格目标

产品价格目标是指企业对其产品定价时预先确定所要达到的目的和标准，是企业营销目标在价格决策上的反映，一般可分为利润目标、销售额目标、市场占有率目标和稳定价格目标。企业定价时，应根据营销总目标、面临的市场环境、产品特点等多种因素来选择定价目标。定价目标是以满足市场需要和实现企业赢利为基础的，它是实现企业经营总目标的保证和手段。同时，又是企业价格策略和定价方法的依据。

1．生存导向定价目标

生存导向定价目标又称为维持生存的目标，是特定时期过渡性目标。当企业经营不善，或由于市场竞争激烈、顾客需求偏好突然变化时，会造成产品销路不畅，大量积压，资金周转不灵，甚至面临破产危险时，企业应以维持生存作为主要目标。短期而言，只要售价高过产品变动成本，足以弥补部分固定成本支出，则可继续经营。企业长期目标还是要获得发展。

2．利润导向定价目标

利润导向定价目标是企业定价目标的重要组成部分，获取利润是企业生存和发展的必要条件，是企业经营的直接动力和最终目的。因此，利润导向定价目标为大多数企业所采用。

1) 以利润最大化为定价目标

以利润最大化为定价目标是指企业在一定时期内综合考虑各种因素后，以总收入减去总成本的最大差额为基点，确定单位产品的价格，以获得最大利润总额。最大利润有长期和短期之分，还有单一产品最大利润和企业全部产品综合最大利润之别。一般而言，企业追求的应该是长期的、全部产品的综合最大利润，企业就可以取得较大的市场竞争优势，占领和扩大更多的市场份额。对于一些中小型、产品生命周期较短、产品在市场上供不应求的企业来说，也可以谋求短期最大利润。价格太高会导致销售量下降，利润总额可能因此而减少。高额利润是可以通过采用低价策略，待占领市场后再逐步提价来获得的；同时企业也可以对部分产品定低价，甚至亏本销售，以招徕顾客，带动其他产品的销售，进而谋取最大的整体效益。因而高价策略达到的利润最大化只能是一种短期行为，最大利润应以公司长期最大利润和全部产品的总利润为目标。

2) 以投资收益为定价目标

投资收益定价目标是指使企业实现在一定时期内能够收回投资并能获取预期的投资报酬的一种定价目标。投资收益率又称为投资报酬率，是衡量企业经营实力和经营成果的重要标志，它等于净利润与总投资之比，一般以一年为计算期，其值越高，企业的经营状况就越好。采用这种定价目标的企业，一般是根据投资额规定的收益率，计算出单位产品的利润额，加上产品成本作为销售价格。但必须注意两个问题：第一，要确定适度的投资收益率。一般来说，投资收益率应该高于同期的银行存款利息率。但不可过高，否则消费者难以接受。第二，企业生产经营的必须是畅销产品。与竞争对手相比，产品具有明显的优势。

3) 以合理利润为定价目标

合理利润定价目标是指企业为避免不必要的价格竞争，在补偿正常情况下的社会平均成本的基础上，适当地加上一定量的利润作为产品价格，以适中、稳定的价格获得长期利润的一种定价目标。采用这种定价目标有各种原因：以适度利润为目标使产品价格不会显得太高，从而可以阻止激烈的市场竞争；某些企业为了协调投资者和消费者的关系，树立良好的企业形象；不仅使企业可以避免不必要的竞争，又能获得长期利润，而且由于价格适中，消费者愿意接受，还符合政府的价格指导方针，因此这是一种兼顾企业利益和社会利益的定价目标。

但实际运用时常常会受到各种限制，必须充分考虑产销量、投资成本、竞争格局和市场接受程度等因素。临时性的企业一般不宜采用这种定价目标。

3．销售导向定价目标

销售导向定价目标，又称为市场占有率目标，是在保证一定利润水平的前提下，谋求某种水平的销售量或市场占有率而确定的目标。以销售额为定价目标具有获取长期较好利润的可能性。

采用销售额目标时，确保企业的利润水平尤为重要，销售额和利润必须同时考虑。因为某种产品在一定时期、一定市场状况下的销售额由该产品的销售量和价格共同决定，销售额的增加，并不必然带来利润的增加。有些企业的销售额上升到一定程度，利润就很难上升，甚至销售额越大，亏损越多。因此，对于需求的价格弹性较大的商品，降低价格而导致的损失可以由销量的增加而得到补偿，因此企业宜采用薄利多销策略，保证在总利润不低于企业最低利润的条件下，尽量降低价格，促进销售，扩大赢利；反之，若商品的需求的价格弹性较小时，降价会导致收入减少，而提价则使销售额增加，企业应该采用高价、厚利、限销的策略。

4．竞争导向定价目标

在产品的营销竞争中，价格竞争是最有效、最敏感的手段。企业在设定定价前，一般要广泛搜集信息，把自己产品的质量、特点和成本与竞争者的产品进行比较，然后制定本企业的产品价格。根据企业的不同条件，一般有以下决策目标可供选择。

1) 稳定价格目标

稳定价格目标是指以保持价格相对稳定、避免正面价格竞争为目标的定价。稳定的价格通常是大多数企业获得一定目标收益的必要条件。其实质是通过本企业产品的定价来左右整个市场价格，可以使市场价格在一个较长的时期内相对稳定，减少企业之间因价格竞争而发生的损失。为达到稳定价格的目的，通常情况下是由那些拥有较高的市场占有率、经营实力较强或具有竞争力和影响力的领导者企业采用的定价目标，其他企业的价格则与之保持一定的距离或比例关系。这样，对大企业是稳妥的价格保护政策，中小企业也以此避免因价格竞争带来的风险。在钢铁、采矿业、石油化工等行业内，稳定价格目标得到最广泛的应用。

2) 追随定价目标

企业有意识地通过给产品定价主动应付和避免市场竞争。企业价格的制定，主要以对市场价格有影响的竞争者的价格为依据，根据具体产品的情况稍高或稍低于竞争者。竞争者的价格不变，实行此目标的企业也维持原价，竞争者的价格变动，此类企业也相应地参照调整价格。一般情况下，中小企业的产品价格定得略低于行业中占主导地位的企业的价格。

3) 挑战定价目标

如果企业具备强大的实力和特殊优越的条件，可以主动出击，挑战竞争对手，获取更大的市场份额。一般常用的策略目标：打击定价，实力较强的企业主动挑战竞争对手，扩大市场占有率，可采用低于竞争者的价格出售产品；特色定价，实力雄厚并拥有特殊技术或产品品质优良或能为消费者提供更多服务的企业，可采用高于竞争者的价格出售产品；阻截定价，为了防止其他竞争者加入同类产品的竞争行列，在一定条件下，往往采用低价入市，迫使弱小企业无利可图而退出市场或阻止竞争对手进入市场。

3.2.4 产品定价方法

定价方法是企业在特定的定价目标指导下，依据对成本、需求及竞争等状况的研究，运用价格决策理论，对产品价格进行计算的具体方法。下面主要讲述基本成本的定价方法。

基于成本的定价方法是以产品成本为基础，加上目标利润来确定产品价格的成本导向定价法，是企业最常用、最基本的定价方法。主要有总成本加成定价法、目标收益定价法、边际成本定价法、盈亏平衡定价法等几种具体的定价方法。

1．总成本加成定价法

总成本加成定价法是指按照单位成本加上一定百分比的加成来制定产品的销售价格，即把所有为生产某种产品而发生的耗费均计入成本的范围，计算单位产品的变动成本，合理分摊相应的固定成本，再按一定的目标利润率来决定价格。其计算公式为

$$单位产品价格 = 单位产品总成本 \times (1 + 目标利润率)$$
$$= 单位产品价格 = (产品成本/数量) \times (1 + 目标利润率)$$
$$= (FC/Q) \times (1 + R)$$
$$单位产品成本 = 固定成本/数量 + 变动成本$$
$$= FC/Q + VC$$

采用成本加成定价法的关键是要确定合理的成本利润率。而成本利润率的确定，必须考虑市场环境、行业特点等多种因素。这种定价方法：简化了定价工作，便于经济核算；使价格竞争减到最少。在成本加成的基础上制定出来的价格对买卖双方来说都比较公平。

2．目标收益定价法

目标收益定价法又称投资收益率定价法，是根据企业的总成本或投资总额、预期销量和投资回收期等因素来确定价格。企业试图确定能带来它正在追求的目标投资收益。它是根据估计的总销售收入(销售额)和估计的产量(销售量)来制定价格的一种方法。

与成本加成定价法相类似，目标收益定价法也是一种生产者导向的产物。其缺陷表现如下：很少考虑到市场竞争和需求的实际情况，只是从保证生产者的利益出发制定价格；另外，先确定产品销量，再计算产品价格的做法完全颠倒了价格与销量的因果关系，把销量看成是价格的决定因素，在现实中很难行得通。尤其是对于那些需求的价格弹性较大的产品，用这种方法制定出来的价格，无法保证销量的必然实现。

3．边际成本定价法

边际成本是指每增加或减少单位产品所引起的总成本的变化量。边际成本定价法又称边际贡献法，其基本思想是只考虑变动成本，不考虑固定成本，以预期的边际贡献补偿固定成本并获得赢利。采用边际成本定价法时是以单位产品变动成本作为定价依据和可接受价格的最低界限。在价格高于变动成本的情况下，企业出售产品的收入除完全补偿变动成本外，尚

可用来补偿一部分固定成本，甚至可能提供利润。其公式为

$$单位产品价格＝单位产品变动成本＋单位产品边际贡献$$

其中单位产品边际贡献是指企业增加一个单位的销售，所获得的收入减去边际成本的数值。若边际贡献大于固定成本，企业就有赢利；若边际贡献小于固定成本，企业就会亏本；若边际贡献等于固定成本，企业盈亏平衡。只要边际贡献≥0，企业就可以考虑生产。这种定价方法适合于企业存在生产能力过剩、市场供过于求等的情况。

4．盈亏平衡定价法

盈亏平衡定价法，又称收支平衡法，是利用收支平衡点来确定产品的价格，即在销量达到一定水平时，企业应如何定价才不至于发生亏损；反过来说，已知价格在某一水平上，应销售多少产品才能保本。其公式为

$$盈亏平衡点价格＝固定总成本/销量＋单位变动成本$$

实际上，这种定价法的实质就是确定总收入等于总支出时的价格，以盈亏平衡点确定价格只能使企业的生产耗费得以补偿，而不能得到收益。若实际价格超过收支平衡价格，企业就可赢利。科学地预测销量和已知固定成本、变动成本是盈亏平衡定价的前提。有时，为了开展价格竞争或应付供过于求的市场格局，企业采用这种定价方式以取得市场竞争的主动权。

从本质上说，成本导向定价法是一种卖方定价导向。它忽视了市场需求、竞争和价格水平的变化，有时候与定价目标相脱节。此外，运用这一方法制定的价格均是建立在对销量主观预测的基础上，从而降低了价格制定的科学性。因此，在采用成本导向定价法时，还需要充分考虑需求和竞争状况，来确定最终的市场价格水平。

3.2.5 企业定价策略

在确定企业定价目标、定价方法，得出产品的基本价格之后，还要根据市场环境、产品特点等采用不同的定价策略。企业定价策略是指企业为实现企业定价目标，根据市场中影响产品价格的不同因素，在制定价格时灵活采取的各种定价手段和定价技巧。主要有两种定价策略：新产品定价策略和产品组合定价策略。

1．新产品定价策略

产品定价关系到新产品能否顺利进入市场，企业能否站稳脚跟，能否取得较大的经济效益。常见的新产品定价策略主要有三种，即撇脂定价策略、渗透定价策略和满意定价策略。

1）撇脂定价策略

撇脂定价策略又称取脂定价策略，指新产品上市之初，将其价格定得较高，以便在短期内获取厚利，迅速收回投资，减少经营风险，待竞争者进入市场，再按正常价格水平定价。这一定价策略就像从鲜奶中撇取其中所含的奶油一样，取其精华，所以称为撇脂定价策略。

一般而言，对于全新产品、受专利保护的产品、需求的价格弹性小的产品、流行产品、未来市场形势难以测定的产品等，可以采用撇脂定价策略，其优点表现在以下几方面。

（1）新产品上市之初，顾客对其尚无理性认识，此时的购买动机多属于求新求奇，利用较高价格可以提高产品身份，适应顾客求新心理，创造高价、优质、名牌的印象，有助于开拓市场。

（2）主动性强，先制定较高的价格，在其新产品进入成熟期后可以拥有较大的调价余地，不仅可以通过逐步降价保持企业的竞争力，而且可以从现有的目标市场上吸引潜在需求者，甚至可以争取到低收入阶层和对价格比较敏感的顾客。

（3）在新产品开发之初，由于资金、技术、资源、人力等条件的限制，企业很难以现有的规模满足所有的需求，利用高价可以限制需求的过快增长，缓解产品供不应求状况，并且可以利用高价获取的高额利润进行投资，逐步扩大生产规模，使之与需求状况相适应。

（4）在短期内可以收回大量资金，用作新的投资。

撇脂定价策略也存在着如下缺点。

（1）高价产品的需求规模毕竟有限，过高的价格不利于市场开拓、增加销量。

（2）不利于占领和稳定市场，容易导致新产品开发失败。

（3）高价高利容易引来大量的竞争者，仿制品、替代品迅速出现，从而迫使价格急剧下降。此时若无其他有效策略相配合，则企业苦心营造的高价优质形象可能会受到损害，失去一部分消费者。

（4）价格远远高于价值，在某种程度上损害了消费者利益，容易招致公众的反对和消费者抵制，甚至会被当作暴利来加以取缔，诱发公共关系问题。

2）渗透定价策略

这是与撇脂定价策略相反的一种定价策略，即企业在新产品上市之初将其价格定得较低，吸引大量的购买者，借以打开产品销路，扩大市场占有率，谋求较长时期的市场领先地位。当新产品没有显著特色，竞争激烈，需求弹性较大时宜采用渗透定价策略。其优点包括：①低价可以使产品迅速为市场所接受，并借助大批量销售来降低成本，获得长期稳定的市场地位；②微利可以阻止竞争对手的进入，减缓竞争，获得一定市场优势。其缺点是投资回收期较长，见效慢，风险大。

利用渗透定价策略的前提条件：新产品的需求价格弹性较大、新产品存在着规模经济效益。对于企业来说，采取撇脂定价策略还是渗透定价策略，需要综合考虑市场需求、竞争、供给、市场潜力、价格弹性、产品特性、企业发展战略等因素。

3）满意定价策略

满意定价策略又称为适中定价策略是一种介于撇脂定价策略与渗透定价策略之间的定价策略，以获取社会平均利润为目标。它既不是利用价格来获取高额利润，也不是以价格制约占领市场，而是尽量降低价格在营销手段中的地位，重视其他在产品市场中更有效的营销手段，是一种较为公平、正常的定价策略。当不存在适合于采用撇脂定价策略或渗透定价策略的环境时，企业一般采取满意定价策略。

满意定价策略的优点：①产品能较快为市场接受且不会引起竞争对手的对抗；②可以适当延长产品的生命周期；③有利于企业树立信誉，稳步调价并使顾客满意。

满意定价策略的缺点：虽然与撇脂定价策略或渗透定价策略相比，满意定价策略缺乏主动进攻性，但并不是说正确执行它就非常容易。采取满意定价策略没有必要将价格定得与竞争者一样或者接近平均水平。与撇脂价格和渗透价格类似，满意价格也是参考产品的经济价值决定的。当大多数潜在的购买者认为产品的价值与价格相当时，纵使价格很高也属适中价格。

2．产品组合定价策略

当产品只是某产品组合的一部分时，企业必须对定价方法进行调整。这时候，企业要研究出一系列价格，使整个产品组合的利润实现最大化。因为各种产品之间存在需求和成本的相互联系，而且会带来不同程度的竞争，所以定价十分困难。

产品组合定价策略是指企业为了实现整个产品组合(或整体)利润最大化，在充分考虑不同产品之间的关系，以及个别产品定价高低对企业总利润的影响等因素基础上，系统地调整产品组合中相关产品的价格。主要的策略有产品线定价策略、任选品定价策略、连带品定价策略、分级定价策略、副产品定价策略、产品捆绑定价策略。

1) 产品线定价策略

产品线定价(产品大类定价)定价策略是指企业为追求整体收益的最大化，为同一产品线中不同的产品确立不同的角色，制定高低不等的价格。若产品线中的两个前后连接的产品之间价格差额小，顾客就会购买先进的产品，此时若两个产品的成本差额小于价格差额，企业的利润就会增加；若价格差额大，顾客就会更多的购买较差的产品。例如，某品牌西装有300元、800元、1500元3种价格。产品线定价策略的关键在于合理确定价格差距。

2) 任选品定价策略

任选品是指那些与主要产品密切相关的可任意选择的产品。例如，饭菜是主要产品，酒水为任选品。不同的饭店定价策略不同，有的可能把酒水的价格定得高，把饭菜的价格定得低；有的把饭菜的价格定得高，把酒水的价格定得低。

3) 连带品定价策略

连带品(又称互补品)是指必须与主要产品一同使用的产品，如磁带与录音机、隐形眼镜与消毒液、饮水机与桶装水等都是主要产品与连带产品的关系。许多企业往往是将主要产品(价值量高的产品)定价较低，连带品定价较高，这样有利于整体销量的增加，增加企业利润。

4) 分级定价策略

分级定价又称分部定价或两段定价法。服务性企业经常收取一笔固定的费用，再加上可变的使用费。例如，游乐园一般收门票，如果游玩的地方超过规定就再交费定价。

5) 副产品定价策略

副产品如果能带来收入，将有助于公司在迫于竞争压力时制定较低的价格。副产品定价法是制造业内常用的定价方法，在其主产品的副产品是可以销售的状况下使用。这种定价法强调，当副产品的价值比较低、销售的成本又比较高时，最好不要让副产品影响主产品的定价。相反，如果副产品的价值相当高，制造商可以让主产品走一个很有竞争性的低价位，占领更多的市场份额市场份额，然后通过副产品的销售赚取利润。

6) 产品捆绑定价策略

产品捆绑定价又称组合产品定价。企业经常将一些产品组合在一起定价销售。完全捆绑是指公司仅仅把它的产品捆绑在一起。在一个组合捆绑中，在表面上看卖方经常比单件出售要少赢利，以此来推动顾客购买。例如，对于成套设备、服务性产品等，为鼓励顾客成套购买，以扩大企业销售，加快资金周转，可以使成套购买的价格低于单独购买其中每一产品的费用总和。

 知识拓展

定价中的营销"近视症"

大多数企业在对产品定价时采用企业逻辑，而不是顾客逻辑。它们把价格当成促进销售的最好办法，认为只要价格低，消费者一定更愿意买。其实不然，在一项产品调查中，调查人员惊奇地发现：很多消费者在购买商品时并不是很在意商品的价格，而是更在意售后服务等其他因素。对顾客而言，只要自己需要的价值能够以合理的价格获得就满足了。这也正是奢侈品为何可以获得高额溢价的理由。

获得顾客好评和持久发展的企业，并不是那些拥有最低产品价格的企业，而是拥有卓越产品价值的企业。企业的责任在于创造价值，而不是降低价格。企业应当通过不断寻找能够创造顾客价值的发展点，向顾客提供价值吸引顾客。这就是遵循顾客的逻辑，否则就是犯了"近视症"。

在产品的价值构成上，企业在进行产品开发和定价时必须同时考虑两点：产品的功能性和情感性。在价值基础上制定的价格如果仅限于功能性，产品价值的宽度绝对不会扩大。情感性价值(形象价值)才是产品价值的真正源泉。

企业在考虑顾客感知的产品价值时，可以不断地向自己提出这样的问题：怎样让顾客对产品产生更高的感知价值？产品哪种价值可以让顾客支付较高的价格？怎样做才能维持这些价值？怎样做才能让顾客更好地感知这些价值？当企业为顾客所需要的价值做好铺垫之后，才是选择与其价值相匹配的价格的时候，也就是定价的时候。

即使竞争非常激烈，也不该盲目降价，而应该努力创造独特的产品价值。在定价的博弈中，企业必须认识到：做一个定价博弈的制造者远比做一个博弈接受者获得的利益大得多。如果能够去除定价中的"近视症"，从顾客的角度思考问题，那么很多定价中的思维障碍都是可以破除的。

(资料来源：http://www.xiaogushi.com/dig/yingxiao/95472.htm)

3.3 会展品牌

随着我国经济市场开放程度和市场进程的日益加快，竞争已成为企业生存和发展的主体环境，竞争力也已成为企业生存和成长的基础和前提。尤其是我国加入 WTO 后，中国企业已从国内竞争转向国际竞争，所有中国企业都面对国际企业竞争国内化，国内企业竞争国际化的竞争格局。由于充分和完全的市场竞争，实施品牌战略和创立企业品牌形象已经成为企业参与市场竞争的一种主要手段。

3.3.1 会展品牌

1．品牌的含义

【拓展视频】

市场经济发展到今天，品牌已经不仅仅是商标或标志，它更是企业的一种象征。对于消费者而言，品牌代表着一种归属感和安全感，它是企业和消费者沟通的重要手段，保证了企业对消费者信息的准确传达。对企业自身来说，品牌意味着一种文化和纪律，它规范了企业对外传达信息的渠道，品牌是企业文化中最重要的资产之一。

从一般意义上讲品牌是指一个名称、名词、符号或设计，或者是它们的组合，其目的是识别某个销售者或某群销售者的产品或劳务，并使之同竞争对手的产品和劳务区别开来；品牌最持久的含义和实质是其价值、文化和个性；品牌是企业长期努力经营的结果，是企业的无形载体。

2．品牌战略

所谓品牌战略是指企业通过创立市场良好品牌形象，提升产品知名度，并以知名度来开拓市场，吸引顾客，扩大市场占有率，取得丰厚利润回报，培养忠诚的品牌消费者的一种战略选择。品牌战略是现代企业市场营销的核心。从品牌战略的功能来看，一个品牌不仅仅是一个产品的标志，更多的是产品的质量、性能、满足消费者效用的可靠程度的综合体现。它凝结着企业的科学管理、市场信誉、追求完美的精神文化内涵，决定和影响着产品市场结构与服务定位。因此，发挥品牌的市场影响力，带给消费者信心，给予消费者以物质和精神的享受正是品牌战略的基本功能所在。实践证明，良好品牌往往能给人以良好印象，在同等质量下可以制定较高价格。有些公司拥有的良好品牌甚至还可以在不同国家逆周期、反季节制造产品，从而使成本与收益流量畅通。

经济全球化背景下，国际竞争越来越表现为品牌的竞争，现代跨国公司绝大多数都是世界知名品牌公司，尤其注重品牌战略的运用，通过品牌这种全方位的输出形态，跨国公司逐步占领了国际市场，可以毫不夸张地说，而今，品牌已是跨国公司实现全球战略目标的利器，是实现资本扩张的重要手段。

3．会展品牌的内涵

随着米兰、汉诺威等国际会展巨头通过并购合作方式入驻中国，未来会展业国际竞争必然愈加激烈。在此经济形态下，中国会展企业如何结合互联网信息技术，整合各新兴渠道手段开展展会营销，全面提升会品质服务，打造具有国际竞争力的品牌展会，成为未来行业发展变革的重要挑战。

一个具有良好口碑的品牌展会，在营销推广方面也必然占有优势。全面而强有力的会展营销推广与创建品牌展会是相辅相成的。在互联网、移动新媒体蓬勃发展的今天，中国会展业进入品牌时代及进入互联网新媒体的会展整合营销时代，将同时到来。

产品对会展企业来说就是一次具体的会展活动，而会展品牌是指一个会展主题与活动区别于其他会展主题与活动的特定标志，它通常是由文字、标记、符号、图案和颜色等要素或这些要素组合而成。会展品牌是一个集合概念，主要包括会展品牌名称、品牌标志和商标。品牌名称，即品牌中能用语言称呼的部分。如广交会、上海世博会、博鳌亚洲论坛等。它的主要功能是产生听觉效果。会展品牌标志，是品牌中能够识别而不能用语言直接读出的部分，它的主要功能是产生视觉效果。会展商标，一般是按法定程序向商标注册机构提出申请，经审查予以批准，并授予专用权的品牌或品牌的一部分。

会展品牌定位的依据，就是品牌差异化。其主要内容包括规模差异化、服务差异化、价格差异化、产品差异化、客户差异化和营销手段差异化以及会展文化差异化等。

判别一个会展品牌影响力的大小，通常从以下几个方面入手。

1) 知名度

知名度是指品牌在受众群体中的传播面。品牌知名度越高，越能与其他竞争对手形成鲜明的对比。对会展品牌而言，知名度则指参展商和观众对办展机构、会展活动及展馆、办展地点的了解程度。

2) 美誉度

美誉度和知名度同为会展品牌的基础标志之一。与知名度相比，美誉度更加强调受众的接受与认可程度。受众面广，但接受程度不高，或是仅有一定的接受度，却缺乏足够的受众面，都不是完整意义上的品牌。会展品牌的美誉度来源与特定会展企业、活动、场馆的特定优势。美誉度的高低，反映了会展活动质量优劣，奠定了会展企业品牌扩张的基础。

3) 扩张度

扩张度是指会展企业在时间、空间、市场、产品、管理等诸多要素上的拓展能力。会展品牌在一定的知名度和美誉度的基础上，利用资本经营的先进理念，对质量进行优化配置，用优势互补和管理、技术优势不断地降低成本，提高会展产品的质量，实现会展经济规模和实力的提升。

【拓展案例】

4) 效益度

效益度是会展品牌的价值衡量要素。经济效益是企业追求的永恒不变的目标，也是企业创造强势品牌的根本目的。社会效益是会展活动中会议、展览、经济洽谈等各项活动所带来的间接效益。

总之，会展品牌必须以质量为核心，以创新为生命力，以文化为灵魂，经历长期市场的检验，才能创建真正的会展品牌。

3.3.2 会展品牌的特征

会展品牌与一般品牌有着不同的特点，这主要是由会展行业的自身特性所决定的。一个知名的品牌会展活动一般具有以下特征。

1．规模性

规模效应是会展品牌的明显调整。在短短几天的展出时间内，展览会几乎将整个相关行业的企业浓缩与展厅之内。在德国，每年举办的国际展览会有130多个，展出面积达 690 万平方米，参展企业 17 万，观众达上千万人次，可见，展览会的规模效应所产生的宣传效果和影响力。

2．专业性

随着科学技术的不断进步与发展，以前的综合性展览会已经逐步被专业性的展览会所取代。这些知名品牌的展览会一般都有明确的目标市场和目标客户。其专业性既表现展出内容的主题化，又表现在会展服务的专业化。

3．前瞻性

【拓展案例】

会展品牌的前瞻性主要表现为它始终走在行业发展的最前沿，它不仅能够提供涵盖相关行业市场的所有专业信息，而且能代表行业的发展趋势，引导行业的发展方向，使与会者对相关行业的发展现状和未来的发展趋势都有进一步的了解和认识，这不仅大大提高了观众获得的信息数量和质量，更扩充了信息的价值含量，由此提高展览会自身的影响力。

4．互动性

为了更好地宣传品牌、强化品牌，城市会展品牌非常注意与旅游、文化、媒体等相关行业和部门的合作，以形成良好的互动式发展。

5．权威性

大多数知名品牌的展览会一般都会得到业内权威协会和知名企业的大力支持与认可。如 1907 年成立的"德国经济展览和博览委员会"，它是由参展商、购买者、博览会组织者三方力量结合而成的联合体，以伙伴身份塑造市场。

会展品牌的内在价值和独特个性必须通过一定的方式传达给参展商和观众，这可以通过展览场所良好的环境与设施、办展人员的专业服务来实现，让与会人员真正感受到会展品牌的内在价值，以此来提高会展品牌的认知度。

思考与练习

（一）名词解释

产品生命周期　总成本加成定价法

（二）填空题

1．产品生命周期一般可分为四个阶段，即＿＿＿＿、＿＿＿＿、＿＿＿＿和＿＿＿＿。

2．任何产品都包括三个层次，即＿＿＿＿、＿＿＿＿和＿＿＿＿。

3．基于成本的定价策略包括＿＿＿＿、＿＿＿＿、＿＿＿＿和＿＿＿＿。

4．促销定价形式包括＿＿＿＿、＿＿＿＿、＿＿＿＿和＿＿＿＿。

5．常用的心理定价策略包括＿＿＿＿、＿＿＿＿、＿＿＿＿和＿＿＿＿等。

6．定价中的 3C 因素包括＿＿＿＿、＿＿＿＿和＿＿＿＿。

(三) 简答题

1．会展产品有哪些特征？

2．简述产品进入不同阶段的营销策略。

3．简述新产品定价策略。

4．简述企业定价策略。

(四) 能力训练

查找不同类别会展产品的定价情况，并以表格的形式进行说明。

要求：1．至少五种会展产品。

2．小组合作完成。

3．课上进行 PPT 展示说明。

Chapter 4 宣传推广

【学习目标】
- 学会广告策略的应用
- 掌握公共关系策略的应用
- 学会运用网络进行产品宣传
- 了解产品渠道策略

案例导入

中国东博会、商务与投资峰会

2015年07月30日 来源：广西新闻网-广西日报

2015年是中国-东盟海洋合作年，也是"一带一路"建设全面实施的开局之年，本届东博会、商务与投资峰会在主题设置、展会内容、活动安排等各方面全面提升，将呈现突出"一带一路"主题、推动国际产能合作、融入全球价值链三大新特点。

本届东博会将突出"共建21世纪海上丝绸之路—共创海洋合作美好蓝图"主题，促进中国-东盟合作迈向更高水平。本届中国-东盟商务与投资峰会将围绕"一带一路"建设主题安排各项活动，全面推进双方的互利合作。本届商务与投资峰会框架下将举办泰国国家领导人与中国企业CEO圆桌对话会、中国-东盟商界领袖论坛、中国-东盟商事法律服务合作研讨会等活动，并将新增代言工商专题研究、建立中国-东盟电商平台两项活动。

目前，中国-东盟博览会、商务与投资峰会各项筹备工作进展顺利，各国参展参会企业报名踊跃。今年是中泰建交40周年，泰国作为本届东博会的主题国，将举办"魅力之城"、国家推介会、领导人与企业家对话会等主题国活动。香港作为中国"魅力之城"，将全面展示香港在21世纪海上丝绸之路建设中的新机遇、新动力。

相关新闻：

国新办就第12届中国-东盟博览会和商务与投资峰会举行新闻发布会

今年东博会将突出"一带一路"主题

记者从中国-东盟博览会秘书处获悉，7月29日，国务院新闻办公室在北京举行中国-东盟经贸合作情况暨第12届中国-东盟博览会、中国-东盟商务与投资峰会新闻发布会，向中外媒体记者介绍了在共建"一带一路"新形势下，中国与东盟的经贸合作情况及第12届中国-东盟博览会、商务与投资峰会亮点和筹备进展。这是国新办连续12年就中国-东盟博览会和商务与投资峰会举行新闻发布会。今年第12届中国-东盟博览会、中国-东盟商务与投资峰会将在9月18日至21日在广西南宁举行。

近年来，随着中国与东盟政治互信加强，中国-东盟自贸区建设进程加快，经济融合加深，双方经贸合作成果丰硕，双方企业和人民极大地受惠。目前，中国和东盟10国均为意向创始成员国的亚洲基础设施投资银行正在加快筹建。中国-东盟自贸区升级版谈判取得积极进展，有望于今年完成谈判。区域全面经济伙伴关系协定(RCEP)谈判也取得积极进展。

中国-东盟经贸合作取得的丰硕成果，归因于双方政治互信的有力保障，经济合作的良好基础，也得益于中国-东盟博览会所发挥的重要作用。2015年是中国-东盟海洋合作年，也是"一带一路"建设全面实施的开局之年，本届东博会、商务与投资峰会在主题设置、展会内容、活动安排等各方面全面提升，呈现新特点。

一是突出"一带一路"主题。本届展会以"共建 21 世纪海上丝绸之路—共创海洋合作美好蓝图"为主题，策划开幕大会、领导人与企业家座谈会、海洋合作成就展等一系列高层友好交流和经贸人文活动。

二是推动国际产能合作。首次举办"2015 国际产能合作系列活动"，带动优势产能和装备制造业合作、技术转移、金融服务等领域合作。

三是融入全球价值链。世界贸易组织将举办 WTO 成立 20 周年高级研讨会，彰显东博会在推动中国和东盟深化合作、融入亚洲和全球一体化进程中的作用。韩国作为本届东博会特邀贵宾国，将有政府代表团和商界团组参会。

新一届中国-东盟商务与投资峰会将围绕"一带一路"建设主题安排各项活动，全面推进双方的互利合作，将举办泰国国家领导人与中国企业 CEO 圆桌对话会、中国-东盟商界领袖论坛、中国-东盟商事法律服务合作研讨会等活动，并将新增代言工商专题研究、建立中国-东盟电商平台两项活动。

目前，中国-东盟博览会、商务与投资峰会各项筹备工作进展顺利，各国参展参会企业报名踊跃。今年是中泰建交 40 周年，泰国作为本届东博会的主题国，将举办"魅力之城"、国家推介会、领导人与企业家对话会等主题国活动。香港作为中国"魅力之城"，将全面展示香港在 21 世纪海上丝绸之路建设中的新机遇、新动力。

4.1 宣传推广概述

随着全球经济一体化进程的加快和网络信息时代的急速来临，企业面临的商业环境日益复杂，其生存、发展压力越来越大。面对竞争，能否在竞争中立于不败之地，宣传已经成为一个至关重要的因素。

4.1.1 宣传推广工作的重要性

企业宣传作为一种沟通企业与社会、企业与消费者的桥梁，在现代商战中的重要作用已显而易见。可以说，企业的生存和发展与宣传密切相关。因为有效的宣传已经成为企业促进生存销售并提高竞争力的有效途径。

从理论方面看，信息不对称是现实世界的常态。总有很多事情，自己知道但他人未必清楚；又有很多事情，自己认为对方清楚了，事实上对方并不清楚。信息不对称理论是指在市场经济活动中，各类人员对有关信息的了解是有差异的；掌握信息比较充分的人员，往往处于比较有利的地位，而信息贫乏的人员，则处于比较不利的地位。该理论认为：市场中卖方比买方更了解有关商品的各种信息；掌握更多信息的一方可以通过向信息贫乏的一方传递可靠信息而在市场中获益；买卖双方中拥有信息较少的一方会努力从另一方获取信息；市场信号显示在一定程度上可以弥补信息不对称的问题。

> **知识拓展**
>
> **品牌的形成**
>
> 信息不对称这一现象早在 20 世纪 70 年代便受到三位美国经济学家的关注，为市场经济提供了一个新的视角。现在看来，信息不对称现象无处不在，各种名牌商品也在折射这一现象：人们对品牌的崇拜和追逐，从某种程度上恰恰说明了较一般商品而言，名牌商品提供了更完全的信息，降低了买卖双方之间的交易成本。这一理论同样也适用于广告，在同质的情况下，斥巨资广而告之的商品因为比不做广告或少做广告的商品提供了更多的信息，所以它们更容易为消费者所接受。

从会展企业的实践看，现实经济中存在大量的组展商，同时也存在着数量很大的参展商。虽然从企业最根本的利益出发，组展商希望更多的企业参加由他们主办的展览会，参展商也期望能够从众多的展览会中选择最能达到预期目标的展览会，但是现实中由于存在信息不对称的问题，往往使得组展商和参展商无法达到自己的预期目标。显然，在这样一种信息特征下，谁向目标参展商宣传和推广得多，谁就越有可能成为参展商的选择对象。如果参展企业不了解展览会的信息，无论该展览会组织得多么出色，参展商都不可能参加。所以，组展商采取主动策略，通过各种宣传和推广工具将展览会的真实信息传递给目标参展商，是展览会成功招展的基本前提。

4.1.2 宣传推广内容的构成要素

作为营销人员，在开展任何形式的宣传和推广活动之前，首先需要明确"我们要向目标受众宣传和推广什么"。尽管这是一个非常简单的问题，但是现实中确实有不少营销人员总是把一些基本信息遗漏，从而导致目标受众不知所云。例如，有不少企业的电视广告片尽管播了很长时间，但是观众仍然不清楚究竟是在为哪种产品做广告，最后好不容易看明白了，对生产厂家也没有印象。所以，作为营销人员应当从中吸取教训，在实施宣传和推广计划之前，首先要清楚"我在宣传什么"，然后通过通俗易懂的方式，把需要宣传的素材组织清楚并进行宣传。传统的"5W"分析法能够给出最简洁的表达。

【拓展视频】

1．why——为什么

会展营销人员要想说服目标客户让其来参加展览会，首先需要想清楚其所策划的展览会能够给参加者带来什么。对企业来说，参展是需要费用的。企业决定是否参展的关键是展览会能否给企业带来利润或好处。如果没有实际效益，它们绝不会付出人力、财力来参加展会。所以，会展营销人员在实施宣传和推广计划之前，首先要告诉对方来参展的理由是什么，参加展览会能够得到什么。那么，对方究竟能够得到什么呢？这一点需要每一个项目的营销人员结合具体的展览会进行归纳和提炼。

2．who——谁

这里"who"包括两个方面的内容：一是指展览会是由哪些机构主办、承办和支持的；二是如何联系到主办方和承办方等机构。一般情况下，一定要把有实力的主办机构重点突出出来，这样在一定程度上能够提高目标客户对展览会的认可度和信任度。所以在主办机构方面，一般由一些知名度较高的协会组织或政府机构来共同作为主办机构，实施过程由一些中小型的公司来具体实施。

3．what——什么

"what"是指营销人员需要用最通俗简洁的语言告诉目标参展商展览会的性质，组织者对外销售的具体产品和服务。通常情况下，营销人员需要告诉潜在参展商五个方面的内容。

(1) 展览会上所展示的产品范围和技术系列。
(2) 展览会的主要客户构成，以及有影响力的参展商或买家。
(3) 展览会期间的主要活动，如研讨会、发布会、活动等。
(4) 组展商是否提供住宿、旅游等配套服务。
(5) 组展商提供的产品信息，如展位、赞助、广告、入场券等。

会展企业营销人员要善于挖掘企业或产品的特色和亮点，并把这些信息传达给目标受众。

4．when——什么时间

"when"是指展览会举办的具体时间。多数展览会是周期性的。周期的长短取决于行业的技术周期及流行的变化等因素。营销人员必须要把展览会的举办周期、本期展览会的举办时间及具体日程等信息告知目标受众。

5．where——什么地点

"where"是指展览会举办的具体地点和场馆。一般情况下，需要具体到哪些国家或地区、哪座城市及哪个会展中心的哪个场馆。如果展览会举办地有特色，能够成为吸引参展商的重要因素，那么营销人员要打好城市特色这张牌。

4.1.3 宣传推广工作的流程及内容

完整的宣传推广工作的流程为制订宣传计划、实施宣传计划、测评宣传效果。其具体内容见表4-1。

表4-1 宣传推广工作的流程及内容

步骤1．制订宣传计划	步骤2．实施宣传计划	步骤3．测评宣传效果
确定目标客户	培训宣传人员	确定测评目标
选择宣传媒介	准备宣传资料	选择测评方法
制定宣传预算	选择合作伙伴	提出改进意见
确定宣传进度	加强过程监控	

Chapter 4 宣传推广

案例 4-1

某展会的宣传方法及时间

某展会在进行宣传推广时制定了详细的推广方法及时间表，见表 4-2。

表 4-2 某展会宣传时间表

时间 方法	第一个月				第二个月				第三个月			
	1~7	8~15	15~22	23~30	1~7	8~15	15~22	23~30	1~7	8~15	15~22	23~30
信息收集	→→→	→	→									
网络	→→	→	→	→	→	→	→					
广播报纸										→→	→	→
广告牌					→→	→	→	→	→	→	→	
电话				→→	→	→	→	→	→			

知识拓展

广告的来源

广告一词，据考证是一外来语。它首先源于拉丁文 advertere，其意为注意、诱导、传播；中古英语时代(约 1300—1475 年)演变为 Advertise，其含义衍化为"使某人注意到某件事"，或"通知别人某件事，以引起他人的注意"。直到 17 世纪末，英国开始进行大规模的商业活动。这时，广告一词便广泛地流行并被使用。此时的"广告"，已不单指一则广告，而指一系列的广告活动。静止的物的概念的名词 Advertise，被赋予现代意义，转化成为"Advertising"。汉字的广告一词源于日本。

1890 年以前，西方社会对广告较普遍认同的一种定义是："广告是有关商品或服务的新闻(News about product or service)。"

1894 年，美国现代广告之父艾伯特·拉舍(Albert Lasher)认为：广告是印刷形态的推销手段(Salesmanship in print, driven by a reason why)。这个定义含有在推销中劝服的意思。

1948 年，美国营销协会的定义委员会(The Committee on Definitions of the American Marketing Association)形成了一个有较大影响的广告定义：广告是由可确认的广告主，对其观念、商品或服务所作之任何方式付款的非人员式的陈述与推广。

美国广告协会对广告的定义：广告是付费的大众传播，其最终目的是为传递情报，改变人们对广告商品的态度，诱发其购买行动而使广告主得到利益。

《韦伯斯特词典》对广告的定义：广告是指在通过直接或间接的方式强化销售商品、传播某种主义或信息、召集参加各种聚会和集会等意图下开展的所有告之性活动的形式。

《韦伯斯特词典》(1988 年版)对广告进行了进一步的阐述：在现代，广告被认为是运用媒体而非口头形式传递的具有目的性的一种信息形式,它旨在唤起人们对商品的需求并对生产或销售这些商品的企业进一步了解和产生好感,告之提供某种非营利目的的服务及阐述某种意义和见解等。

4.2 广告策略

广告是为了某种特定的需要,通过一定形式的媒体,公开而广泛地向公众传递信息的宣传手段。

4.2.1 广告的定义

广告有广义和狭义之分,广义广告包括非经济广告和经济广告。非经济广告指不以赢利为目的的广告,又称效应广告,如政府行政部门、社会事业单位乃至个人的各种公告、启事、声明等,主要目的是推广;狭义广告仅指经济广告,又称商业广告,是指以赢利为目的的广告,通常是商品生产者、经营者和消费者之间沟通信息的重要手段,或企业占领市场、推销产品、提供劳务的重要形式,主要目的是扩大经济效益。

广告的本质是传播,广告的灵魂是创意。

4.2.2 广告的分类

由于分类的标准不同,看待问题的角度各异,导致广告的种类很多。

以传播媒介为标准,可以将广告分为以下几种类型。

1)印刷媒介广告

【拓展文本】

印刷媒介包括报纸、杂志、期刊、商品说明书、包装纸等各类印刷出版物。这类媒介是广告最普遍的承载工具。

报纸的优点是信息传递及时,记者广泛稳定,可信度比较高;刊登日期和版面的可选度较高,便于对广告内容进行较详细的说明;便于保存,制作简便,费用较低。报纸的局限性是时效短,转阅读者少;印刷简单因而不够形象和生动,感染力相对差一些。

【拓展视频】

期刊的优点是读者对象比较确定,易于送达特定的广告对象;时效长,转阅读者多,便于保存;印刷比较精美,有较强的感染力。期刊的不足是广告信息传递前置时间长,信息传递的及时性差,有些发行量是无效的。

2)电视媒介广告

电视媒介是以电视为宣传载体进行信息的传播的媒介或是平台。例如,第五届中国(长春)国际汽车博览会在召开新闻发布会时,就是通过电视媒介对博览会进行宣传的。

电视媒介是媒体的一种分类,电视媒介与平面媒介、广播媒介、网络媒介、户外媒介和手机媒介共称为六大媒介。

与其他媒介相比，电视媒介具有信息传播及时，传播画面直观易懂，形象生动；传播覆盖面广，受众不受文化层次限制；互动性强，观众可参与到节目中来等优点。由于电视媒介是线性传播，因此存在广告画面转瞬即逝、保存性差的缺点。

3) 广播媒介广告

伴随着电视、互联网等传播媒介的发展，广播媒介受到较大的冲击。但是，在特定的时间和特定的场所，广播依旧是一种重要的媒介工具。例如，在现代城市中，数量庞大的汽车驾乘人员在驾驶和乘坐汽车时，广播仍然是一种简便流行的传播媒介。

4) 特种媒介广告

(1) 户外广告。是指会展企业在都市的楼顶、墙体、路牌、路灯、地铁及人流量较大的高速路道桥等特种媒介工具上发布的展览会广告。一般来说，在这些媒介上发布的广告大多数是涉及普通观众比较多的消费品展览会，如服装展、体育用品展等。专业性较强的工业品展览会通常不会利用这些媒介进行宣传和促销。

(2) 特种宣传资料。是指会展企业专门印制、单独派送的展览会特种广告，主要采取展览会宣传册、展览会海报等形式。这类宣传资料有的以信件方式直接投递给目标参展商和观众，有的则在会展企业策划的公关活动现场派发。

(3) 小型纪念品。作为一种辅助宣传手段，组展商通常制作一些物美价廉的小型纪念品，如自行开发的手提袋、日历表、明信片等，并在上面印制展览会的名称、主办机构、联系方式等信息，对展会起到比较好的促销作用。

营销小故事

皮鞋压鸡蛋——广告贵在新奇

在市场竞争日趋激烈的环境下，唯有创新，抓住消费者的心理，生产出符合消费者心理与需求的产品，才能在市场上立于不败之地。

某国有一家有名的皮鞋制造公司，其生产的皮鞋在该国颇受人们的喜爱，该公司的生意非常红火。可是好景不长，许多小企业纷纷模仿制造，各种品牌类似的包装与外观令顾客难辨真假，使该公司的品牌效益被蚕食殆尽，产品滞销，面临困境。为了扭转商战中的劣势，公司决定外聘一名市场部经理，于是一名年轻人被聘用。

这名年轻人才思敏捷，视野开阔，经过一番仔细的调查，发现可以从重新树立品牌效益着手，便在该公司的每一个销售网点推出了一个全新的广告。结果在不长的时间里该公司的产品再度受到消费者的青睐，销售业绩急剧回升，渐渐地控制了该国鞋类市场尤其是皮鞋市场。公司老总很赏识这个年轻人，破格提升为他的助理，此事在当地传为一段佳话。

这名年轻人究竟推出了什么广告，使消费者再度青睐该公司的产品呢？

原来，为了突出该公司皮鞋皮质上乘、极其柔软，此人创作了如下的广告：把一只鞋压在一个鸡蛋上，鸡蛋没有被压破，但是鞋的两边却弯了下去。

【拓展案例】

【拓展视频】

营销智慧

创意无处不在,这样独出心裁的创意,才能引起消费者的注意力,进而引发他们的购买欲。

4.3 网络营销

4.3.1 网络营销的定义

网络营销(On-line Marketing 或 E-Marketing)就是以国际互联网络为基础,利用数字化的信息和网络媒体的交互性来辅助营销目标实现的一种新型的市场营销方式。简单地说,网络营销就是以互联网为主要手段进行的、为达到一定营销目的的营销活动。

网络营销贯穿于企业开展网上经营的整个过程,包括信息发布、信息收集,到开展网上交易为主的电子商务阶段,网络营销一直都是一项重要内容。

网络营销是以互联网为载体,以符合网络传播的方式、方法和理念实施营销活动,以实现组织目标或社会价值。网络营销产生于20世纪90年代,发展于20世纪末至今。网络营销产生和发展的背景主要有三个方面,即网络信息技术的发展、消费者价值观的改变和激烈的商业竞争。

4.3.2 网络营销的现状

截至2012年,全球网民总数量(以独立访问用户量为标准)将超过19亿人,将近全球总人口的1/3。巨大的上网人数,带来了巨大的商机。在欧美国家,90%以上的企业都建立了自己的网站;通过 NNT 流量网络寻找自己的客户、寻找需要的产品,这已经成为人们的习惯。如果企业想要购买产品,特别是首次购买时,会先在网上进行初步的查找和选择,然后再进一步与供应者取得联系。消费群体特别是企业的消费习惯的变化,给网络营销提供了广阔的空间。网络营销的跨时空性无疑是一枚"重型炮弹",将对整个营销产生巨大的冲击。

随着中国网络营销的发展壮大,中国企业对网络营销人才的需求不断加大。网络营销相关岗位的需求与日俱增,随之而来的是巨大的从业机会,同时,也对从业者的技能有了新的要求。

在我国,网络营销起步较晚,到1996年才开始被我国企业尝试。

1997—2000年是我国网络营销的起始阶段,电子商务快速发展,越来越多的企业开始注重网络营销。

2000年至今,网络营销进入应用和发展阶段,网络营销服务市场初步形成:企业网站建设迅速发展;网络广告不断创新;新的营销工具与手段不断涌现和发展。

截至 2012 年 6 月底，中国网民数量达到 5.38 亿人，互联网普及率为 39.9%。2012 年上半年网民增量为 2 450 万人，普及率提升 1.6 个百分点。

目前，网络调研、网络广告、网络分销、网络服务、网上销售等网络营销活动，正异常活跃地介入到企业的生产经营中。

【拓展案例】

4.3.3 网络营销的理论基础

网络营销的理论基础主要是直复营销理论、网络关系营销论、网络软营销理论和网络整合营销理论。

直复营销理论是 20 世纪 80 年代引人注目的一个概念。美国直复营销协会对其所下的定义是："一种为了在任何地方产生可度量的反应和(或)达成交易所使用的一种或多种广告媒体的相互作用的市场营销体系。"

网络关系营销是 1990 年以来受到重视的营销理论，它主要包括两个基本点：在宏观上，认识到市场营销会对范围很广的一系列领域产生影响，包括顾客市场及营销者市场；在微观上，认识到企业与顾客的关系不断变化，市场营销的核心应从过去简单的一次性的交易关系转变到注重保持长期的关系上来。

网络软营销理论强调企业进入市场营销活动的同时，必须尊重消费者的感受和体念，让消费者主动接受企业的营销活动。

网络整合营销理论主要的关键点是把消费者整合到整个营销过程中来，从他们的需求出发开始整个营销过程。

4.3.4 网络营销的优点及缺点

1．网络营销的优点

(1) 网络媒介具有传播范围广，速度快，无时间、地域限制，无版面约束，内容详尽，多媒体传送，形象生动，双向交流，反馈迅速等特点，有利于提高企业营销信息传播的效率，增强企业营销信息传播的效果，降低企业营销信息传播的成本。

(2) 网络营销无店面租金成本，且有实现产品直销功能，能帮助企业减轻库存压力，降低经营成本。

(3) 国际互联网覆盖全球市场，通过它，企业可方便快捷地进入任何一国市场。尤其是世界贸易组织第二次部长会议决定在下次部长会议之前不对网络贸易征收关税，网络营销更为企业架起了一座通向国际市场的绿色通道。

2．网络营销的缺点

(1) 购买者只能从网络广告上判断商品的型号、性能、样式和质量，对实物没有直接的感知，在很多情况下可能产生错误的判断。

(2) 某些生产者也可能利用网络广告对自己的商品进行不实的宣传，甚至可能打出虚假广告欺骗顾客。

(3) 部分人群还没有接受网络营销这种方式。部分消费者还不太习惯在网上购物，对这些虚拟的东西缺乏信任，比较相信现实中存在的东西。

(4) 付款方式缺乏安全性。如果通过电子银行或信用卡付款，一旦密码被人截获，消费者损失将会很大，这也是网络购物发展所必须解决的问题。

4.3.5 网络营销的特征

(1) 公平性。在网络营销中，所有的企业都站在同一条起跑线上。公平性只是意味着给不同的公司、不同的个人提供了平等的竞争机会，并不意味着财富分配上的平等。

(2) 虚拟性。由于互联网使得传统的空间概念发生变化，因此出现了有别于实际地理空间的虚拟空间或虚拟社会。

(3) 对称性。在网络营销中，互联性使信息的非对称性大大减少。消费者可以从网上搜索自己想要掌握的任何信息，并能得到有关专家的适时指导。

(4) 模糊性。互联使人们习以为常的边界变得模糊。其中，最显著的是企业与企业边界的模糊、生产者和消费者边界的模糊、产品和服务边界的模糊。

(5) 复杂性。网络营销的模糊性使经济活动变得扑朔迷离，难以分辨。

(6) 垄断性。网络营销的垄断是由创造性破坏形成的，是短期存在的，因为新技术的不断出现，会使新的垄断者不断取代旧的垄断者。

(7) 多重性。在网络营销中，一项交易往往涉及多重买卖关系。

(8) 快捷性。互联网使经济活动产生了快速运行的特征，可以迅速搜索到所需要的任何信息，对市场做出即时反应。

(9) 正反馈性。在网络营销中，由于信息传递的快捷性，人们之间产生了频繁、迅速、剧烈的交互作用，从而形成不断强化的正反馈机制。

(10) 全球性。由于互联网超越了国界和地区的限制，使得整个世界的经济活动都紧紧联系在一起。信息、货币、商品和服务的快速流动，大大促进了世界经济一体化的进程。

4.3.6 网络营销竞争优势分析

(1) 成本费用控制。开展网络营销给企业带来的最直接的竞争优势是企业成本费用的控制。网络营销采取的是新的营销管理模式。它通过互联网改造传统的企业营销管理组织结构与运作模式，并通过整合其他相关部门如生产部门、采购部门等，实现企业成本费用最大限度的控制。利用互联网降低管理中交通、通信、人工、财务和办公室租金等成本费用，可最大限度地提高管理效益。在网上创办企业正是因为网上企业的管理成本比较低廉，才有可能独自创业和寻求发展机会。

(2) 让顾客满意。在激烈的市场竞争中，没有比让顾客满意更重要的事情。通过互联网，企业可以将企业中的产品介绍、技术支持和订货情况等信息放到网上，顾客可以随时随地根据自己的需求有选择地了解有关信息。这样就克服了在为顾客提供服务时的时间和空间限制。

(3) 满足消费者个性化需求。网络营销是一种以消费者为导向，强调个性化的营销方式；网络营销具有企业和消费者的极强的互动性，能从根本上提高消费者的满意度；网络营销能满足消费者对购物方便性的需求,省去了到商场购物的距离和时间,提高了消费者的购物效率;由于网络营销能为企业节约巨额的促销和流通费用,使产品成本和价格的降低成为可能,从而消费者可以以更低的价格购买。

【拓展案例】

4.3.7 网络营销竞争原则

在网络营销中,企业必须顺应环境的变化,采用新的竞争原则,才能在激烈的竞争中取胜。

(1) 个人市场原则。在网络营销中,可以借助于计算机和网络,根据个人的需要,有针对地提供低成本、高质量的产品或服务。

(2) 适应性原则。由于互联性的存在,市场竞争在全球范围内进行,市场呈现出瞬息万变之势。公司产品要适应消费者不断变化的个人需要,公司行为要适应市场的急剧变化,企业组织要富于弹性,能适应市场的变化。

(3) 价值链原则。一种产品的生产经营会有多个环节,每个环节都有可能增值。我们将其整体称作价值链。公司不应只着眼于价值链某个分支的增值,而应着眼于价值链的整合,着眼于整个价值链的增值。

(4) 特定化原则。首先找出具有代表性的个人习惯、偏好和品位,据此生产出符合个人需要的产品。然后,公司找出同类型的大量潜在客户,把他们视作一个独立的群体,向他们出售产品。

(5) 主流化原则。为了赢得市场最大份额而赠送第一代产品的做法被称为主流化原则。尽管企业最初建立数字产品和基础设施的费用很多,但继续扩张的成本却很小,由此产生了新的规模经济效应。

 知识拓展

永不落幕的互联网互动展会

在互联网三维技术的迅速发展和广泛应用的时代背景下,信息化、数字化的浪潮正席卷世界的每一个角落,会展行业正面临着前所未有的机遇和挑战,为探索信息化时代会展行业的创新和发展,充分利用互联网的特殊优势,开创具有时代性的永不落幕的会展是大势所趋。

网上 3D 虚拟会展是将三维虚拟现实技术和二维网上信息系统融合在一起,采用嵌入 IE 页面的方式运行,无须下载客户端,普通家庭的带宽即可流畅运行。虚拟会展将现实中的会展以三维模型的方式展现于网络,构造出栩栩如生的三维网上会展环境。它建立在数字技术及电脑模拟场景设计基础之上,丰富的视觉效果、充分的互动效应及良好的用户操作体验,是虚拟会展区别于传统会展的关键。

【拓展视频】

虚拟会展作为一种先进的技术手段,使得展会突破原先地域等诸多条件限制,为会展行业的创新和二次竞争提供了技术基础,在此基础上,传统展会运营商有机会向更大的范围扩展影响力,建设全球性的超级展会;而二线城市和厂商也摆脱先天桎梏,获得同等或相近的发展基础。虚拟会展使会展行业从一个资源密集型的产业中解放出来,大大减低了会展行业对资源和能源的消耗,削弱对地域和资金的依赖,真正能够实现永不落幕的会展平台。

虚拟会展六大特点:

自主性:参展商自助三维立体、多媒体布展,随时更新;

专业性:参展商和参观者均来自全世界行业领先优秀企业,高端展会触手可得;

体验性:畅游逼真 3D 场景,无缝沟通,体验互联网 3D 商务时代颠覆传统 B2B 模式;

一站性:产业链的产品、配件和商务活动所需服务机构如金融、物流、保险、认证、媒体、风险投资等进驻参展,产业链完整呈现;

社区性:全球参展商、参观者的个人虚拟形象随时随地出现在虚拟 3D 场景,观众可以和参展商产生互动(语言、动作、语音、视频)等;搜索目标或偶遇彼此同样惊喜;

虚拟性:虚拟展会 + 虚拟团队 + 虚拟办公,虚拟商务模式推动现实经济增长。

虚拟会展对传统展会带来的促进作用:

更广泛:接受来自互联网任意位置的访问,吸引更多观众。

更节省:参展成本低,参展花费小,节省人力物力财力。

更高效:参展商可以把更多的精力放到与客户沟通上,同时在线收集、管理客户数据信息更为方便,参展效率大幅提高。

更环保:不需要现实建材以及纸质宣传品,节约能源并且绿色环保,无形中也为参展商节省一笔不小的开支。

更强大:比传统网络展会的互动性更好,可操作性更突出,现场感更强。

4.4 公共关系

公共关系(Public Relation)的主要功能是沟通信息、协调社会组织与公众之间的关系、扫除相互关系中的障碍、谋求合作和支持。

营销小故事

危 机 公 关

2011 年 11 月,长春市市民饮用可口可乐美汁源果粒奶优(清新草莓口味)相继发生疑似食物中毒,经抢救,刘某昏迷,楚某死亡。在第一时间可口可乐公司做出了回应,称同批次产品均合格,无质量问题。

2011 年 11 月 30 日,长春电视台《城市速递》栏目在播放新闻过程中,播出滚动字幕:"长春市食品安全委员会办公室提示广大市民注意:近期勿饮用可口可乐美汁源果粒奶优(清新草莓口味),家中存有此饮品者请与当地工商部门联系。据悉,此举可能是为了防止有机磷中毒。

针对此事,有关媒体第一时间连线了可口可乐(吉林)饮料有限公司,公司表示经过严格自查,对同批次留样产品进行检测,未发现任何异常,所有产品安全合格。

以下是可口可乐(吉林)饮料有限公司的声明:

"我公司非常重视日前发生在长春的事件,对受到影响的家庭表示真切慰问。我公司一向以确保产品质量安全为首要原则,通过严格的质量保障体系确保消费者获得安全的、高质量的产品。获悉此事后,我公司立即进行严格自查,对同批次留样产品进行检测,未发现任何异常,所有产品安全合格。"

声明中还表示,"目前有关部门正在对此事进行调查,我公司将积极配合相关部门的调查工作"。

营销智慧

1. 企业首先明确态度和处理事件的责任。
2. 真实发布事件的处理办法。
3. 补偿事件所带来的负面影响。

(资料来源:http://edu.gongchang.com/f/gongguan-2011-12-01-26176.html)

4.4.1 公共关系的内涵

公共关系是指某一组织为改善与社会公众的关系,促进公众对组织的认识、理解及支持,达到树立良好组织形象、促进商品销售的目的的一系列公共活动。它本意是社会组织、集体或个人必须与其周围的各种内部、外部公众建立良好的关系。它是一种状态,任何一个企业或个人都处于某种公共关系状态之中。它又是一种活动,当一个工商企业或个人有意识地、自觉地采取措施去改善和维持自己的公共关系状态时,就是在从事公共关系活动。作为公共关系主体长期发展战略组合的一部分,公共关系的内涵是一种管理职能:评估社会公众的态度,确认与公众利益相符合的个人或组织的政策与程序,拟定并执行各种行动方案,提高主体的知名度和美誉度,改善形象,争取相关公众的理解与接受。

对公共关系进行简洁的定义:公共关系是一个组织运用有效的传播手段,使自身适应公众的需要,并使公众也适应组织发展需要的一种思想。

4.4.2 公共关系的特征

公共关系是社会关系的一种表现形态,科学形态的公共关系与其他任何关系都不同,有其独特的性质,了解这些特征有助于加深对公共关系概念的理解。

公共关系具有以下特征。

(1) 情感性。公共关系是一种创造美好形象的艺术,它强调的是成功的人和环境、和谐的人事气氛、最佳的社会舆论,以赢得社会各界的了解、信任、好感与合作。我国古人办事讲究"天时、地利、人和",把"人和"作为事业成功的重要条件。公共关系就是要追求"人和"的境界,为组织的生存、发展或个人的活动创造最佳的软环境。

(2) 双向性。公共关系是以真实为基础的双向沟通,而不是单向的向公众传达或对公众舆论进行调查、监控，它是主体与公众之间的双向信息系统。组织一方面要听取人情民意以调整决策，改善自身；另一方面又要对外传播，使公众认识和了解自己，达成有效的双向意见沟通。

(3) 广泛性。公共关系的广泛性包含两层意思：一层意思是公共关系存在于主体的任何行为和过程中，即公共关系无处不在，无时不在，贯穿于主体的整个生存和发展过程中；另一层意思指的是其公众的广泛性。因为公共关系的对象可以是任何个人、群体和组织，既可以是已经与主体发生关系的任何公众，也可以是将要或有可能发生关系的任何暂时无关的人们。

(4) 整体性。公共关系的宗旨是使公众全面地了解自己，从而建立起自己的声誉和知名度。它侧重于一个组织机构或个人在社会中的竞争地位和整体形象，以使人们对自己产生整体性的认识。它并不是要单纯地传递信息，宣传自己的地位和社会威望，而是要使人们对自己各方面都要有所了解。

(5) 长期性。公共关系的实践告诉我们，不能把公共关系人员当作"救火队"，而应把他们当作"常备军"。公共关系的管理职能应该是经常性与计划性的，这就是说公共关系不是水龙头，想开就开，想关就关，它是一种长期性的工作。

4.4.3 会展活动中的公共关系

会展活动是围绕着特定主题在特定时空环境下由多方参与并共同推进，实现各方利益均衡的集体性的社会活动；是通过精心的策划，运用科学的技术手段，组织实施和传播，达到各方的维系和交易、整合营销、调节供需、技术扩散、产业联动、促进经济一体化，从而树立和维护良好的品牌形象，使自身与变动的社会环境保持动态的平衡。

美国著名公共关系学者卡特李普(Scott M. Cutlip)和森特(Allen H. Centre)认为：公共关系是这样一种管理功能，它能建立和维护组织与公众之间的互利互惠关系，而一个组织的成功或失败取决于公众。美国人莱克斯•哈洛博士认为："公共关系是一种特殊的管理职能，凡它帮助一个组织建立并保持与公众之间的交流、理解、认可与合作"、帮助企业保持与社会同步；它使用有效的传播技能和研究方法作为基本工具。公共关系的职能反映了一个组织需要通过自身的变革，适应目前越来越全球化、多元化的社会，它是贯穿于组织生存与发展全过程的一项至关重要的战略工作，其使命也恰恰体现在它有利于协调和维护这个为我们提供了物质和社会需要的社会系统上。

由于会展是一项复杂的系统工程，组织者在实施总体战略过程中，需要协调与政府、合办单位、新闻媒体、参展商、社会公众、内部员工等多方面的关系，以达到良好的产业效应、经济效应和形象效应。因此，在会展工作中的整体运作中如何成功的实施公关战略，协调和维系与社会各界的多种错综复杂的关系，赢得各界公众好评，取得良好的社会效果与展览效益，成为参与会展活动各方研究的重要议题。

公共关系功能在会展活动中的体现有如下几方面。

(1) 会展活动可以充分展示企业的形象和产品品牌，初建立良好的企业形象。

作为一种现代化的传媒方式，会展活动是通过举办大规模、多层次、多种类的会议和展览，带来源源不断的商流、物流、人流、资金流、信息流，对企业而言不仅产生直接的经济效益，还可以充分展示企业的形象和产品品牌，建立良好的企业形象。会展活动已远远超过单纯地举办会展本身所具有的意义，成为树立城市形象、展示发展成果、弘扬文化艺术、促进经济建设、推动社会进步的朝阳产业。

(2) 会展活动是吸引注意力的平台，是维系多方的纽带。

在会展活动中，生产商、批发商和分销商汇聚一堂，进行交流、贸易，它就是吸引各方受益者的注意力信息平台。企业可以利用各种信息渠道宣传自己的产品，推介自己的品牌、形象。企业与顾客可以直接沟通，得到及时反馈。则企业可以收集有关竞争者、新老顾客的信息，企业能了解本行业最新产品动态和行业发展趋势，构成决策依据。会展活动可以扩大参与者的接触面，开阔视野启发思路；企业可以货比三家，寻求最佳的供货厂商与合作对象；一对一、点对点的双向沟通，便于寻求客户和商贸机会，提高顾客对品牌的忠诚度；在展会进行中还可以直接订货，免去寻求客户与市场的中间环节，花费少，时效高。因而会展业成为时下备受推崇吸引注意力的平台和维系多方的纽带。

(3) 会展活动可以通过各方的合作，建立彼此的互惠互利关系

会展业是一项极为复杂的系统工程，受制因素很多，从制订计划、市场调研、展位选择、展品征集、报关运输、客户邀请、展台布置、广告宣传、组织成交直至展品回运，形成了一个互相影响、互相制约的有机整体，这个有机体的形成关键在于能够形成彼此利益上的切实互求和实现，在互惠互利、对等援助、对等回报的基础上，通过所有参与会展的社会组织开展互助合作，互利招展，由一家主办、多家招展等多种形式，提高招展能力，扩大招展范围，保证自身利益，提升展会的档次和水平，做大做强展会，打响展会的品牌。

4.4.4 会展活动中公共关系目标

1．内部员工的关系

内部关系维系实际上是人力资源管理的问题。管理大师彼得·德鲁克曾经说过，"管理就是要让人力资源产生生产力，它是唯一意义深远的竞争力"。一个企业要想生存发展，较强的竞争能力是不可缺少的，而这个竞争能力主要来自一个健全的机构系统，高度的运行效率及全体员工的协调合作精神。做好内部关系的维系，在组织内部全体成员之间沟通一致，可以将员工联结成一个整体，形成强烈的核心力，通过内部公关，将组织变成一个温馨和睦的大家庭，做到企业对员工遵守承诺，也能够培养员工对企业的承诺，两者可以实现公关中的互惠互利观念。同时，内部公关的成功对外部环境产生辐射作用，可以得到外部公众的认可。因此，组织应该把内部公关当作是一项战略，把它融入企业的管理哲学中去，发挥内部公关的真正职能。

展览活动是一项高智能、高风险、高难度、高强度、高时效，同时也是高回报的工作。它要求工作人员有高度的责任感、使命感和团队意识，既要有自制力还要有协调力，更须有超人的意志力，工作中不得有丝毫马虎或差错。特别是展会实施中，要求每个人都须做到临危不惧、判断准确、随机应变，保持高度独立、自制、警觉，并具备超人的脑力与体力，才可能确保展览运转正常。因此，组织者如何做好内部员工的沟通与管理，直接关系到整个展会能否成功。因此，会展活动实施过程中管理要做到分工明确、责权对等、奖罚分明实施有

效的物质激励和精神激励,力图使每个员工均处于最佳竞技状态,充分发挥其主动性、积极性和创造性。

2. 投资者关系

投资者关系是一个社会组织的战略性工作,与投资者之间良好的开放性和经常的沟通可以帮助降低企业的资金成本,为企业的管理层赢得更多的支持和吸引新的资金。良好的投资者关系是企业公共关系的一种功能。会展活动涉及面广,一次展会将有数家甚至更多国别、行业、角色、职能、利益不同的主办、承办、协办、赞助、鸣谢、同贺等单位介入,从本质上说,它们共同构成了一项展览活动的投资人,是会展活动的股东,将从中获取形式各异、内容不同、大小有别的各种所有者权益,具体涉及股东的利润、管理费、企业或品牌形象、知名度、美誉度等。因此,作为会展的组织者即承办方如何实现展览效益最大化、充分体现互利互惠的合作原则、使各方各得其所成为处理好这一关系的核心。

【拓展视频】

3. 政府关系

政府是对社会进行统一管理的权力机构,具有权威性,政府和组织之间是管理与被管理的关系。协调维系与政府的关系非常有必要,因为政府是国家权力机构,对国家实行宏观调控,最具权威性,一个组织要是能得到政府的认可和支持则有可能得到社会大众的认可和支持。组织要尽可能向政府表明其对社会、对政府的贡献,扩大影响,得到政府的支持。良好的政府关系能为组织形成有利的政策、法律和社会管理环境。政府作为权力机构,制定相关方针政策、法律对组织的活动进行干预,这些宏观政策会对组织产生重要影响,因此组织要尽量使政府在制定政策时有利于本组织的发展。即一个展会从立项到实施,必须经过相关部门的审批和监督。因此,如何处理好与相关部门的关系,是展会组织者的一项重要、长期的工作。

【拓展案例】

4. 新闻媒体关系

媒体是社会上的新闻传播机构或工具,包括报纸、电视、杂志、广播、网站等,媒体公众是组织外部环境中最特殊、最敏感的公众群体,因此处理好媒体关系非常有必要。新闻媒体是组织与广大公众沟通的重要中介,组织的公关活动必须要依靠媒体才能完成,如果没有媒体的传播报道与沟通也不能称之为公关活动。对组织而言良好的媒体关系可以帮助组织建立良好的公众舆论,让公众对组织产生良好的口碑和评价,有利于组织形象的塑造,维护组织的知名度和美誉度。会展属于综合、大型的社会活动,是新闻媒介关注的焦点。因此,展览会往往会成为传媒采访的热点,对提高展览组织的知名度和美誉度有很大的帮助。积极主动地与之保持良好的沟通与联系,是做好会展活动的关键因素。

5. 社会公众关系

社会公众是指购买、使用或关注本组织提供的产品、服务、观念的个人、团体或组织。是一个组织最大的社会群体,几乎囊括了每一个社会成员,直接掌握着组织的命运。良好的社会公众关系能给组织带来直接的经济利益,能让企业确定以谁为目标的问题，建立"顾客第一"的根本理念，将顾客的利益放在第一位，满足消费者的需求，想其所想，急其所急，必能使企业与消费者实现共同的目标和共同利益，使企业能长期稳定发展。会展活动的社会公众包括与展会内容直接相关的国内外来访者、买家，也包括潜在的关注、影响展会达到其预定目标的其他各类社会组织。如果会展活动得不到社会公众的关注，门庭冷落，展览规模再大，也是失败的。会展活动过程中要始终提倡以人为本的理念，突出方便性、功能性，确保参观安全、有序，场面井然，环境适宜，服务到位，设施齐全，交易顺利，以全方位多功能的服务方便到访的国内外公众、满足不同需求才是维系社会公众关系的关键。

顾客争座时，肯德基怎么办

2000年8月，江西第一家肯德基餐厅落户南昌，开张数周，一直非常火爆。没有想到一个月未到，即有顾客因争座被殴打而向报社投诉肯德基，造成一场不小的风波。

事件经过大致如下：一位女顾客用所携带物品占座位后去排队购买套餐时，座位被一位男顾客抢占而与其发生争执。先是两位顾客因争座发生口角，尽管已引起其他顾客的注意，但都未太在意，此时餐厅的员工未能及时平息两人的争端。接着两人争吵上升到大声争吵，店内所有顾客都开始关注事态，邻座的顾客则停止用餐，离座回避；带小孩的家长担心事态扩大和小孩受到粗话影响，开始领着小孩离店。最后二人争吵上升到斗殴，男顾客大打出手，殴伤女顾客后离店，其他顾客也纷纷离开或远远地看热闹。女顾客非常气愤，当即要求肯德基餐厅对此事负责，并加以赔偿。到此时，其影响面还局限于人际范围，如果餐厅经理能满足顾客的要求，女顾客就不至于向报社投诉。但餐厅经理表示"这是顾客之间的事情，肯德基不应该负责"，拒绝了女顾客的要求。女顾客马上打电话向《南昌晚报》和《江西都市报》两报投诉。两报立即派出记者到场采访。女顾客陈述了事件的经过并坚持自己的要求，而餐厅经理在接受采访时虽然对女顾客被殴表示同情和遗憾，但是认为餐厅没有责任，不能做出道歉和赔偿。两报很快对此事进行了报道，结果引起众多市民的议论和有关法律专家的关注。事后，根据消费者权益保护法，肯德基被认为对此事负有部分责任，于是肯德基向女顾客公开道歉，并赔偿了部分医药费，两报对此也都进行了后续报道。

营销智慧

从公共关系的角度看，肯德基对顾客争座应该进行管理，而且管得越早越好，应遵循公关危机处理快速反应原则。南昌肯德基因未及时处理好该事件而使舆论影响不断升级，形象损失越来越大。

从这一事件我们应该汲取教训，在以后的工作中应注意以下几个问题。

(1) 培养员工的公关意识十分重要。目前不少公司的员工宁输公司的形象也不愿输理，因小失大，就源于公关意识的薄弱，看不到形象作为无形资产对于公司的巨大价值。公关不只是公关部的责任，进行员工素质培养，推选全员公关，是各种社会组织不应忽视的。

(2) 公关无小事。公关危机大都是由小事件引起的，公关应从小事抓起，而不是在引起轩然大波之后再来处理。消除隐患，防微杜渐，是危机公关的主要原则。出现危机就手忙脚乱，无应对之策，就说明公关管理仍有漏洞。而塑造形象的公关工作当从点滴做起，而现在一些企业热衷于"大手笔"，重视媒体公关，往往忽视了日常公关管理，这正是造成企业名声在外，而消费者却不满意的现象的原因之一。

(3) 勇于承担责任是企业公关的一种境界。公关要塑造的一个重要方面是企业的社会形象，而一个企业的社会形象是否表里如一，就在于其在经营活动中是否勇于承担与其形象一致的社会责任与义务。怕担责任甚至出了事拒绝承担责任的企业是让消费者寒心的。此类行为一旦发生，必然使公司的美誉度大受损害。而是否积极承担社会责任与义务，是真公关和假公关的分水岭。

(4) "莫以善小而不为"，在中华民族传统文化中，有"万事德为先"的思想，这也是一个优秀企业内在品质的表现。南昌肯德基员工在两位顾客争座过程中，就缺乏这一品质，始终没有挺身而出为顾客排忧解难。其实顾客争的不过是一个座位而已，只要肯德基的员工设法为其再提供一个座位，事情马上就可得到解决。而其"管不了"的态度无疑让人们为其落伍的企业价值观感到深深的遗憾。

(资料来源：http://www.baitai.com.cn/news_details.php? news_id = LHHN&branch =)

思考与练习

（一）名词解释

网络营销　公共关系

（二）填空题

1. 据调查，广告效果的_____%来自于广告的文字。

（三）简答题

宣传推广工作的流程及内容是什么？

（四）能力训练

撰写宣传推广计划书。
要求：(1) 项目自拟。
　　　(2) 具有可实施性。
　　　(3) 格式统一。

销售技巧

Chapter 5

【学习目标】
- 学会运用电话进行产品营销
- 掌握人员推销技巧
- 学会运用直邮推销

案例导入

拉手网为何能成为团购网站第一

网络团购大战竞争惨烈，2011年8月又有800个团购网站先后倒闭，但是拉手网却一直保持领先地位，我们来看看其具体数据。

北京调查的数据结果显示，拉手网流量数据以66 752领先，糯米网流量数据为57 961处在第二位、爱帮团流量数据为45 225处在第三位，美团网流量数据为33 469处在第四位。

上海、浙江数据调查结果显示，拉手网流量数据分别为142 180、142 180，表现尤为突出，远强于其他网站，流量为排名第二的糯米网、美团网的近10倍。

拉手网为何在全国网络团购市场中保持领先地位，作为第一必然有其过人之处，并值得众多团购网站及电子商务企业的借鉴，那么拉手网是怎样保持第一的优势呢？

(1) 第一个找到风险投资。

(2) 第一个聘请代言人在线下打广告战。

(3) 第一个利用事件营销炒作。

(4) 第一个通过拍网络电视剧进行深度传播。

(5) 第一个和商家签约。

(6) 第一个利用"赔本赚吆喝"进行宣传。

拉手网通过步步领先、步步为营的推广策略，以及追求速度和规模扩张营销策略奠定了其在团购市场的领先地位，这对很多团购网站和从事网络营销的企业而言具有学习借鉴的作用。

(资料来源：http://www.vmc.com.cn/yingxiao/3/2011928/005315.html)

销售技巧是销售能力的体现，也是一种工作的技能。销售过程是人与人之间沟通的过程，宗旨是动之以情、晓之以理，诱之以利。销售技巧涉及对客户心理、产品专业知识、社会常识、表达能力、沟通能力的掌控与运用。

5.1 电话营销

5.1.1 电话营销的含义

电话营销是指通过使用电话，来实现有计划、有组织并且高效率地扩大顾客群、提高顾客满意度、维护老顾客等市场行为的手法。成功的电话营销应该使电话双方都能体会到电话营销的价值。运用电话营销可以有效地开展市场探测、市场调查及市场细分等活动。

> **知识链接**
>
> 《吕氏春秋》云:"故闻其声而知其风,察其风而知其志,观其志而知其德。"
>
> 这句话的意思是说:"听一个人说话的声音就能知道这个人的风度,观察这个人的风度就可以明白他的志趣,而清楚他的志趣后就能知晓他的德行了。"

5.1.2 电话营销的礼仪

电话营销是一种声音与语言的艺术,电话营销人员只能靠"听觉"去"看到"准客户的所有反应,并判断营销方向是否正确。

电话营销中准客户在电话中也无法看到销售人员的肢体语言、面部表情,只能借着听到的声音及传递的信息来判断自己是否喜欢这位电话营销人员,是否值得信赖,并决定是否继续通话。

【拓展文本】

1) 重视第一句话

营销人员打电话给某单位/客户时,若一接通便能亲切地称呼对方,对方心情愉悦,对营销人员有好的印象,双方对话便能顺利展开。营销人员只要在接通电话的几分钟内稍加注意,就可以给对方留下良好的印象。

在通话中吐字清晰、声音悦耳、清脆,也容易给对方留下好的印象,对方对其所在单位也会有好印象。因此,在拨打/接听电话时,应有"我代表单位形象"的意识。

2) 保持愉悦的心情

打电话时要保持良好的心情,即使对方看不见营销人员,但也会被营销人员欢快的语调感染,从而给对方留下极佳的印象。由于面部表情会影响声音的变化,因此即使在电话中,也要抱着"对方看着我"的心态去应对。

3) 保持正确的姿势

打电话过程中不要吸烟、喝茶、吃零食,即使是懒散的姿势对方也能够"听"得出来。如果打电话时弯着腰或躺在椅子上,对方听声音是懒散的、无精打采的;如果坐姿端正,身体挺直,所发出的声音也会亲切悦耳,充满活力。因此打电话时,即使看不见对方,也要当作对方就在眼前,尽可能注意自己的姿势。这也是有些公司经理要求职员站起来打电话的原因。

通话过程中,嘴与话筒之间应保持适当距离,适度控制音量,以免因听不清楚而产生误会。

4) 迅速准确地接听

要在三声以内接听;优先接听长途电话;回复未接电话时要注意礼貌及技巧。

5) 挂断电话要礼貌

电话交谈的结束一般应当由拨打电话的一方提出,彼此客气地道别。应有明确的结束语,如"谢谢"或"再见",不应该自己讲完就挂断电话。

案例 5-1

某公司电话营销注意事项

1. 电话开头语热情有礼貌
2. 拿起电话报公司名称时简洁、有力、清晰
3. 在电话铃响三次前接听电话
4. 微笑接听电话
5. 音调比平常说话音量稍微提高
6. 电话铃响了三声之后才接，应向对方道歉
7. 左手拿听筒，右手准备记录
8. 确认对方挂电话后再轻放话筒
9. 打对方手机时应先征询对方是否方便
10. 工作中避免或尽快结束私人电话
11. 代传电话时应记下对方的姓名、电话、公司及来电时间
12. 对方通话效果不好时，确认他是否听清
13. 重要的信息或文字要重复说明并确认对方明白
14. 正确牢记客户的姓名
15. 常用电话制成表格贴在电话旁
16. 公司名称、地址、邮编、网址、电话、邮箱熟记在心

【拓展文本】

5.1.3 电话营销的技巧

1．事先准备一份目标客户的名单

事先选定目标客户的行业，筛选客户，准备一份可以供一个月使用的人员名单，这样可以大大提高工作效率，否则营销人员大部分工作时间将被用来寻找客户，而不是拨打电话。

2．给自己规定工作量

首先规定打电话的时间，如上午和下午各两个小时，然后确定在规定时间内拨打电话的次数，如要拨打 100 通电话，就一定要完成这个任务，而且还要尽可能多地打电话。

3．寻找最有效的电话营销时间

通常来说，拨打销售电话的时间是在上午 9 点～下午 5 点。因此，每天可以在这个时段做电话营销。

如果在传统营销时段没有效果,可以将营销时间改到非电话高峰时间,或在非高峰时间增加销售时间,如可以安排在上午 8:00～9:00,中午 12:00～13:00 和下午 17:00～18:30 进行销售。

人们都有习惯性行为,如每周一的上午 10 点都要参加会议。如果在这个时段不能与客户取得联系,就要从中汲取教训,可以在该日其他时间或选择其他日期拨打客户的电话,很可能会取得出乎预料的成果。

总之,对电话营销的时间要根据专业、产品等的不同进行合理调整,以便取得更好的效果。

 知识拓展

情绪的控制

情绪的控制对每个人来说都是一个很大的挑战,特别是对于从事室内工作的电话营销人员。

导致电话营销人员产生负面情绪的工作环境因素主要包括以下几个方面。

(1) 工作重复、单调,缺少变化,每天的工作就是接打电话。
(2) 活动空间相对狭小,局限在室内。
(3) 经常遭到客户拒绝,有的客户态度甚至非常恶劣。
(4) 业绩压力大,制定目标好像总是完不成。
(5) 领导经常检查工作。
(6) 如果有同事业绩特别突出,那么压力就会更大。

在这样的环境里待久了,心情自然会受到影响,这时电话营销人员就必须学会情绪的自我调节。

控制情绪:
(1) 用音乐舒缓情绪的方法(稀释法)。
(2) 运动舒缓情绪的方法(稀释法)。
(3) 把不愉快的事情先放下,过一段时间自然心情就好转了(沉淀法)。
(4) 换个角度来看待问题(替换法)。

4.拨通电话前预想结果

打电话前要事先准备与客户沟通的内容,并猜想客户的种种回应,以提高应变力,做到有问必答,达成良好的电话沟通效果。

5.电话内容要简短

电话营销是获得约会的机会。电话营销过程应该持续大约 3 分钟,而且应该专注于介绍自己与产品,并大致了解对方的需求,以便能给出一个很好的理由让对方愿意花费宝贵的时间与营销人员交谈。其中最重要的事情是约定与对方见面。

6. 定期跟进

整理有效的客户资源，定期跟进，跟客户保持联系，等待业务机会。

7. 坚持不懈

毅力是营销成功的重要因素之一。大多数的销售都是在第五次电话谈话之后才成交的。然而，大多数营销人员在第一次电话谈话之后就停止了电话沟通，所以一定要坚持不懈，不要气馁。

 知识拓展

成功营销的六大重要思路

一次成功的营销活动是一个系统的工程，而不是各个"兵团"各自作战，它要求从营销策划开始，到产品设计和生产、人员调配、广告宣传、物流配送，再到效果评估等一系列环节相互协调、共同作战。

这里的六个问题并不是一个营销的系统性方案，而只是关于如何做好营销的几个重要的思路。

(1) 营销就是锁住消费者的心。锁住消费者的心就是使消费者动情。消费者为谁"动情"？答案是为产品动情。产品如何让消费者动情？答案是要赋予产品的生命力，并通过不同方式呈现出来。动情是消费的一种情绪心理过程，还没有升级到意志过程，也就是还没有决定要不要买产品。不过消费者既然对产品动情了，那么离购买产品也不远了。

(2) 一流的营销策略首先要对市场环境有正确、深入的了解。市场调研几乎是任何人、任何单位制定营销策略和方案的第一步，这在行内应该是毋庸置疑的。无论是企业营销部门的管理者或是高层决策者，还是营销策划咨询者，做营销规划时都需对相关环境进行调研，即使是在某商业街开一个商铺，也需对周边环境有所了解，因为成也"环境"，败也"环境"。总之，没有调查就没有发言权。

(3) 营销的价值是使消费者只关注价值，忘记价格。

让顾客忘记价格，只记得价值的方法包括以下三个方面：

① 提供优质的产品。

② 提供良好的服务，特别是良好售后服务。服务要注重过程、细节，而不是只关注结果。

③ 让消费者真正体验到产品与服务的价值，为消费者创造良好的体验环境。

(4) 成功的营销往往需要充分了解消费者的行为和心理变化。有人说，中国目前的营销理论与实践相当于美国 20 世纪 80 年代初期的水平，因为大多数经营者还没有学会分析消费者的心理与行为，就以此进行营销决策与品牌管理。但有一点可以肯定的是，当代消费者在心理与行为上正在发生根本性的变化，因此，只有正确分析和把握消费者的心理与行为，企业才能进行正确的营销决策与品牌管理，否则，企业就无法在竞争中立于不败之地。

(5) 顾客价值是营销的起点和终点。为顾客创造价值自始至终围绕营销过程。很多企业在这方面不是只关注起点就是只关注终点，很少能够全过程地为顾客创造价值。

(6) 体现品牌个性化的核心价值。没有个性的核心价值就不是品牌的核心价值，也就意产品没有竞争力,容易被其他企业模仿。做品牌就要先挖掘出产品的核心价值,然后再制定围绕核心价值的营销策略。

(资料来源:http://info.coo.hc360.com/2011/06/150831159618.shtml)

5.2 人员推销

人员推销是指企业通过派出销售人员与一个或一个以上可能成为购买者的人交谈,进行口头陈述,以推销商品,促进和扩大销售。

【拓展文本】

5.2.1 人员推销的优势

人员推销是销售人员帮助和说服购买者购买某种商品或劳务的过程。人员推销的主要特点就是人与人面对面的接触,有任何销售方式无法比拟的优势。

(1) 人员推销是企业和顾客之间的联系纽带,它能够帮助顾客认识产品,并主动解决顾客在购买中可能遇到的种种问题。良好的人员推销可以在顾客心目中建立起可靠的信誉,奠定坚实的销售基础。

(2) 人员推销可以利用个人之间的感情与顾客保持长久稳定的关系,满足顾客的需要。

(3) 人员推销克服了广告推销的缺点,可以直接签订合同或者接受预订。

5.2.2 人员推销的特点

(1) 人员推销可满足推销员和潜在顾客的特定需要,针对不同类型的顾客,推销员可采取不同的、有针对性的推销手段和策略。

(2) 人员推销往往可在推销后立即成交。在推销现场使顾客进行购买决策,完成购买行动。

(3) 推销员可直接从顾客处得到信息反馈,如顾客对推销员的态度、对推销品和企业的看法和要求等。

(4) 人员推销可提供售后服务和追踪,及时发现并解决产品在售后和使用及消费时出现的问题。

(5) 人员推销成本高,所需人力、物力、财力和时间量大。

(6) 在某些特殊条件和环境下人员推销不宜使用。

5.2.3 人员推销的目的

(1) 了解顾客对本企业产品信息的接收情况及市场需求情况,确定可成为产品购买者的顾客类型。了解目标市场和顾客对企业及其产品的反应及态度,准确选择和确定潜在顾客。

(2) 收集、整理、分析信息，并尽可能消除潜在顾客对产品、对推销员的疑虑，说服他们采取购买行动，成为产品真正的购买者。

(3) 促使潜在顾客成为现实购买者，维持和提高顾客对企业、产品及推销员的满意程度。因此，为了进行成功的重复推销，推销员必须努力维持和不断提高顾客对企业、产品及推销员本人的满意程度。

5.2.4 人员推销的策略与技巧

1．推销策略

(1) 试探性策略，亦称刺激—反应策略。就是在不了解客户需要的情况下，事先准备好要说的话，对客户进行试探。同时密切注意对方的反应，然后根据反应进行说明或宣传。

【拓展文本】

(2) 针对性策略，亦称配合—成交策略。这种策略的特点是事先基本了解客户的某些方面的需要，然后有针对性地进行说服，当讲到某一方面引起客户共鸣时，就有可能促成交易。

(3) 诱导性策略，也称诱发—满足策略。这是一种创造性推销，即首先设法引起客户需要，再说明所推销的这种服务产品能较好地满足这种需要。这种策略要求推销人员有较高的推销技术，在不知不觉中成交。

2．推销技巧

1) 上门推销技巧

首先，找好上门推销对象。可以通过商业性资料手册或公共广告媒体寻找重要线索，也可以到商场、门市部等商业网点寻找客户名称、地址、电话、产品和商标。其次，做好上门推销前的准备工作，要对企业发展状况和产品、服务的内容及材料十分熟悉，充分了解并牢记，以便推销时有问必答；同时对客户的基本情况和要求应有一定的了解。再次，掌握"开门"的方法，即要选好上门时间，以免吃"闭门羹"，可以采用电话、传真、电子邮件等手段事先交谈或传送文字资料给对方并预约面谈的时间、地点。也可以采用请熟人引见、名片开道、与对方有关人员交朋友等策略，赢得客户的欢迎。最后，把握适当的成交时机，应善于观察顾客的情绪，在赢得客户好感与信任的同时，抓住时机发起"进攻"，争取签约成交。

2) 洽谈艺术

首先应注意自己的仪表和服饰打扮，给客户留下良好的印象；同时，言行举止要文明，懂礼貌，有修养，做到稳重而不呆板、活泼而不轻浮、谦逊而不自卑、直率而不鲁莽、敏捷而不冒失。

【拓展文本】

在开始洽谈时，推销人员应巧妙地把谈话转入正题，做到自然、轻松、适时。可采取以关心、赞誉、请教、炫耀、探讨等方式入题，顺利地提出洽谈的内容，以引起客户的注意和兴趣。

在洽谈过程中，推销人员应谦虚谨言，注意让客户多说话，认真倾听，表示关注与兴趣，并做出积极的反应。遇到障碍时，要细心分析，耐心说服，排除疑虑，争取推销成功。在交谈中，语言要客观、全面，既要说明优点所在，也要如实反映缺点，切忌高谈阔论、"王婆卖瓜"，让客户反感或不信任。

洽谈成功后，推销人员切忌匆忙离去，这样做，会让对方误以为上当受骗，从而使客户反悔违约。应该用友好的态度和巧妙的方法祝贺客户交易成功，并指导对方注意合约中的重要细节，讲解其他一些注意事项。

3．排除推销障碍的技巧

(1) 排除客户异议障碍。若发现客户欲言又止，推销人员应主动少说话，直截了当地请对方充分发表意见，以自由问答的方式真诚地与客户交换意见。对于一时难以纠正的偏见，可将话题转移。对恶意的反对意见，可以"装聋作哑"。

(2) 排除价格障碍。当客户认为价格偏高时，应充分介绍和展示产品、服务的特色和价值，使客户感到"一分钱一分货"；对低价的看法，应介绍定价低的原因，让客户感到物美价廉。

(3) 排除习惯势力障碍。实事求是地介绍客户不熟悉的产品或服务，并将其与他们已熟悉的产品或服务相比较，让客户乐于接受新的消费观念。

 知识拓展

商 务 谈 判

商务谈判是销售过程中最重要的环节，在谈判沟通中，要注意最基本的谈判技巧。美国夏威夷大学教授结出了一些行之有效的谈判技巧，其中最常用的有14条。

(1) 要有感染力：通过你的举止来表现你的信心和决心。这能够提升可信度，让对手有理由接受你的建议。

(2) 起点高：最初提出的要求要高一些，给自己留出回旋的余地。在经过让步之后，你所处的地位一定比低起点要好得多。

(3) 不要动摇：确定一种立场之后就要明确表示不会再让步。

(4) 权力有限：要诚心诚意地参与谈判，当必须敲定某项规则时，可以说你还需要得到上司的批准。

(5) 各个击破：如果你正和一群对于进行谈判，设法说服其中一个对手接受建议。此人会帮助你说服其他人。

(6) 中断谈判或赢得时间：在一定的时间内中止谈判。当情况好转之后再回来重新谈判。这段时间可以很短，如出去想一想，也可以很长，如离开这座城市。

(7) 面无表情，沉着应对：不要用有感情色彩的词汇回答对手提出的问题。不要回应对方的压力，坐在那里听着，脸上不要有任何表情。

(8) 耐心：如果时间掌握在你手里，你就可以延长谈判时间，提高胜算。你的对手时间越少，接受你的条件的压力就越大。

(9) 缩小分歧：建议在两种立场中找到一个折中点，一般来说，最先提出这一建议的人，在让步过程中的损失最小。

(10) 当一回老练的大律师：在反驳对方提议的时候不妨这样说："在我们接受或者否决这项建议之前，让我们看看如果采纳了另外一方的建议会有哪些负面效果。"这样做可以在不直接否定对手建议的情况下，让对方意识到自己的提议是经不起推敲的。

(11) 先行试探：在做出决定之前，可以通过某个人或者某个可靠的渠道将意图间接传达给对手，试探一下对手的反应。

(12) 出其不意：要通过出人意料地改变谈判方式来破坏对手的心理平衡。永远不要让对手猜出下一步的策略。

(13) 找一个威望较高的合作伙伴：设法得到一个有威望的人的支持，这个人既要受到谈判对手的尊重，也要支持你的立场。

(14) 讨价还价：如果同时和几个竞争者谈判，就要让他们都了解这一情况。将同这些竞争者之间的谈判安排在比较相近的时间，并让他们在会晤前等候片刻，这样他们就能够意识到有人在和自己竞争。

(资料来源：http://www.hudong.com/wiki/亨登谈判策略)

5.3 直邮推销

直邮(DM)推销指具有个人资讯(Personal Information)的功能，通过 DM 媒体进行寄递，创造顾客的一种方式。简单理解，DM 推销就是一种广告宣传的手段。

5.3.1 DM 推销的起源与发展

1．DM 广告

DM 起源于几千年以前的古埃及。到了 16 世纪末，由于电视、电台、报纸等媒体还处于萌芽阶段，因此 DM 占据了大半个广告市场。追溯我国 DM 的起源文化，中国 DM 媒体业创始人朱邦业先生，准确地把握市场媒体脉搏，有效地利用 DM 这一市场潜力极大的新兴媒体并将其与市场、媒体业紧密结合在一起，专业信息 DM 广告媒体于 1997 年获国家专利(专利号：97202062.4)，该业态占据了我国广告市场的大半江山。直接投递或邮寄的广告形式成为发布 DM 的主要渠道，在我国，一批专业的 DM 广告公司也随之产生。

2．DM 新媒体的发展

我国开始恢复广告业以来，强势媒体(报纸、杂志、电视)占据了广告市场绝大部分份额。受 DM 发布环节的可信度低、DM 媒体多年停滞、没有良好的基础、企业意识没有到位及提供此项服务的专业机构欠缺等因素的影响，DM 多年来一直处于待开发阶段。目前能主动使用 DM 发展业务的企业大多为一些三资企业。

目前，全国有近 60% 的企业认知 DM 广告，浙江地区的大中小企业曾 90% 以上运用商函来推销产品，而且都起到了明显的促销作用。DM 的广告投入只及电视传媒的 2%、报纸传媒的 10%，但是营业收入增幅达 30% 左右，因而，其投入产出比较令企业满意，中小型企业对此尤具好感和使用欲望。

5.3.2 DM 推销的目的

DM 推销就是要最大限度地促进销售、提高业绩，其目的大致可归纳为以下几点。
(1) 在一定期间内，扩大营业额，并提高毛利率。
(2) 稳定已有的顾客群并吸引新顾客，以提高客流量。
(3) 介绍新产品、时令商品或公司重点推广的商品，以稳定消费群。
(4) 增加特定商品(新产品、季节性商品、自有商品等)的销售，以提高人均消费额。
(5) 增强企业形象，提高公司知名度。
(6) 与同行业举办的促销活动竞争。
(7) 刺激消费者的计划性购买和冲动性购买，提高商场营业额。

5.3.3 DM 推销的特点

DM 推销的特点在于直接、快速，更兼有成本低、认知度高的优点，为商家宣传自身形象和产品提供了良好的载体。
(1) 针对性：由于 DM 直接将广告信息传递给真正的受众，具有较强的针对性。
(2) 灵活性：DM 不同于报纸杂志，可根据自身特点自行设计印刷形式。
(3) 创意性：DM 以自身的优势和良好的创意，吸引目标观众达到较好的效果。

5.3.4 DM 的派发形式

(1) 邮寄：邮寄给过去 3 个月内有消费记录的会员，邮寄份数依各店实际会员数而定。
(2) 夹报：夹在当地畅销报纸中进行投递，夹报费用为 0.10～0.20 元/张。
(3) 上门投递：组织员工将 DM 投送至生活水准较高的社区居民家中。
(4) 街头派发：组织人员在车站、十字路口、农贸市场进行散发。
(5) 店内派发：DM 上档前两日，由客服部组织员工在店内派发。

【拓展案例】

5.3.5 DM 推销的发展前景

DM 广告在欧美国家发展十分迅速，是仅次于电视的第二大媒体。目前，在奥地利，DM 广告的发行量已占全国广告的第一名；在美国，DM 广告占到市场份额的 20% 左右；在日本，DM 广告的发行量也超过了 12%。DM 广告在国外已成为传媒业发展的增长亮点。

而目前 DM 广告在我国广告市场中所占的份额仅仅只有 1%，这个数字说明 DM 广告在我国还有巨大的成长空间。

DM 在我国国内具体形式主要是 DM 直投报型、刊型广告,处于起步阶段。即使如此,DM 广告还是凭借它文字干扰少、目标针对性强、投递方式直接、信息容量大、免费赠送阅读及积极引导消费的优势,近年来迅速发展。

【拓展文本】

我国 DM 快速发展的时代已经来临,为了加强对 DM 广告的管理,国家工商行政管理局于 2005 年专门出台了《印刷品广告管理办法》,提高了 DM 广告的准入门槛,行业发展更加规范有序。可以预见,我国 DM 快速发展的时代已经来临,品牌化、连锁化、全国化、国际化,将成为今后 DM 发展的方向。

例如,广域成信息公司的定位为专业的 DM 广告商及我国 DM 广告综合服务提供商,其目标是成为我国 DM 广告业的领跑者,引导我国 DM 广告走向规范发展、规模发展、品牌发展、连锁发展、网络发展。

 知识拓展

成功销售人员应具备的素质

1. 勇敢

恐惧是一种内在的情绪反应。人类有两大恐惧:一是恐惧自己不够完美;二是恐惧自己不被别人接纳。

销售人员最恐惧的是被拒绝。在进行销售之前可以先进行如下分析。

(1) 被拒绝的定义是什么?什么事情发生了才意味着被客户拒绝了?

(2) 客户用怎样的语气对你说话,你会感觉被拒绝?

(3) 客户的面部表情怎样,你会感觉被拒绝?

可以用转换情绪克服恐惧:试着把负面的情绪调整为正面、积极的认识,感激所有使你更坚强的人。所以,要善于创造,勇于冒险。

2. 强烈的企图心

强烈的企图心就是对成功的强烈欲望,有了强烈的企图心才会有足够的决心。培养强烈企图心的方法可以是向成功者学习和成功者在一起成长。人生是一个不断成长的过程,人的一生中最重要的决定便是决定和谁在一起成长。

认真审视周围的朋友,你会发现他们可以分为三类。

(1) 他是你的镜子,与你很相似,他是你渴望成就的人,他在协助你更了解你自己。

(2) 他代表你生命中一个非常重要的人,你的情结可通过他转化。

(3) 他代表你的潜意识,是你最不喜欢的人、抗拒的人,他能帮助你全然地接受自己。

无论在人生途中遇上了什么样的人,经历了怎样的事情,我们依然渴望成就自己,在这个过程中,我们需要刻意去寻找自己的成长队伍,能真正最快帮助我们成长的队伍有以下的基本特征:①个人的成就和境界很高;②是自己模仿的对象;③他能看到你的潜能;④他关心你的成长;⑤他愿意协助你成长;⑥他对你的期望很高;⑦他会对你说老实话;⑧和他在一起你会感觉压力特别大。

成功销售员的欲望,许多来自于现实生活的刺激,是在外力的作用下产生的,而且往往不是正面鼓励型的。刺激的发出者经常让承受者感到屈辱、痛苦。这种刺激经常在被刺激者心中激起一种强烈的愤懑、愤恨与反抗精神，从而使他们做出一些"超常规"的行动，唤起"超常规"的能力。一些顶尖销售员在获得成功后往往会说："我自己也没有想到自己竟然还有这种能力。"

3. 对产品知识的掌握及对产品的十足信心

熟练掌握自己产品的知识。客户不会比你更相信你的产品。成功的销售员都是所在领域的专家，做好销售就一定要具备专业的知识。信心来自了解。我们要了解自己的行业，了解自己的公司，了解自己的产品。专业的知识，要用通俗的表达，才更能让客户接受。

4. 注重个人学习及成长

说服本身是一种信心的转移。注重个人成长，不断地学习和反省可以大幅度地减少犯错和缩短摸索时间。学习的最大好处就是通过学习别人的经验和知识，可以使我们更快速地走向成功。别人成功和失败的经验和教训是我们最好的老师，成功本身是一种能力的表现，能力是需要培养的。成功的销售员注重学习成长的好习惯。销售是一个不断摸索的过程，销售员难免在此过程中不断地犯错误。反省就是认识错误、改正错误的前提。成功的销售员总是能与他的客户有许多共识。这与销售员本身的见识和知识分不开。有多人的见识和胆识，才有多扎实的知识，才有多大的格局。顶尖的销售员都是注重学习的高手，通过学习培养自己的能力，让学习成为自己的习惯，因为，成功本身是一种思考和行为习惯。

5. 具有高度的热忱和服务心

顶尖的销售员都把客户当成自己长期的朋友。关心客户需求，表现为随时随地地关心他们，提供给客户最好的服务和产品，保持长久的联系。成功的销售人员能看到客户背后的客户，一个人今天不是自己的客户，但并不代表明天不是。尊重别人不仅仅是一种美德，而且是自身人格魅力的体现。

6. 非凡的亲和力

许多销售活动都建立在客户与销售员友谊的基础上的。销售员销售的第一产品是销售员自己，销售员在销售服务和产品的时候，如何获得良好的第一印象，是至关重要的。这时候，人格魅力、信心、微笑及热情都必须全部调动起来，利用最初的几秒钟尽可能地打动客户，这就需要销售员具备非凡的亲和力。

7. 不断找方法突破，不找借口抱怨

要获得销售的成功，还得靠自己。要为成功找方法，莫为失败找理由。在销售的过程中，难免会犯错。犯错误不可怕，可怕的是对犯错误的恐惧。答应等于完成，想到就要做到。一个勇于承担责任的人往往容易被别人接受，设想谁愿意跟一个推卸责任的人合作呢？成功的销售员要对结果负责、对自己负责。

8. 有明确的目标和计划

成功的销售员头脑里有明确的目标，其他人则只有愿望。成功的销售员要提高自己的自我期望，而目标是自我期望的明确化。成功的销售员会为自己的成功下定义，明确一个成就的动机，明确完成任务的方法。成功的销售员要有长远目标、年度目标、季度目标、月目标，并且把明确的目标细分成当日的行动计划，根据事情的发展情况不断地调整自己的目标，并严格地按计划办事。

9. 善用潜意识的力量

人的意识分为意识、前意识和潜意识。意识是表面的外在形象,潜意识是人内心深处的感受,大部分来自潜意识的决定才是人内心真正的决定。成功的销售员都是敢于坚持自己的梦想的人。坚持梦想的方法就是不断地用具体的、可以激励自己的影像输入自己的视觉系统,用渴望成功的声音刺激自己的心灵,可以多看一些励志的书籍、成功者的传记,听一些销售与成功的讲座。

思考与练习

(一)名词解释

电话营销　人员推销　DM

(二)填空题

1. 销售过程中电话营销人员说＿＿＿＿时间,而让准客户说＿＿＿＿时间,如此做可以维持良好的双向沟通模式。

2. DM 快讯的特点在于"＿＿＿＿、＿＿＿＿"更兼有成本低、认知度高的优点。

(三)简答题

1. 简述电话营销礼仪。
2. 简述电话营销的程序。
3. 简述人员营销的策略。
4. 简述推广 DM 广告的目的。

(四)实训项目

1. 制作一张电子宣传海报

实训目的:了解海报内容要素

激发创作热情

实训要求:小组合作完成

内容主题选择、资料收集整理、设计出图

2. 帮助某一产品进行电话营销

实训目的:了解电话营销基本程序

掌握电话营销的要点

实训要求:自主选择企业或产品

要求 100 个电话

会议营销

Chapter 6

【学习目标】
- 学会确定会议主题
- 熟悉会议营销的实施
- 掌握会议营销的流程策划

案例导入

  第二届世界互联网大会·互联网之光博览会,是由国家互联网信息办公室和浙江省人民政府共同主办,浙江省互联网信息办公室、浙江省经济和信息化委员会、桐乡市人民政府和中国互联网络信息中心(CNNIC)共同承办,浙江省信息化推进服务中心执行承办的第二届世界互联网大会配套展会。

  本届博览会以"互联网之光"为主题,彰显引领人类向信息文明迈进的"文明之光";彰显由中国推动和引领世界互联网未来发展方向,构筑互联互通、共享共治的网络空间命运共同体的未来之光;彰显业界盛会,点燃创业激情、放飞成功梦想的业界之光。本届博览会定位于"国际、创新、未来、体验、融合",着力打造国际一流的互联网企业盛会,汇聚全球互联网最新技术与创新产品,引领全球互联网发展未来的前沿趋势,展示互联网自助互动体验魅力的舞台,体现网络科技与千年古镇文化的融合。

首届时间	2014 年
展出周期	一年一届
本届时间	2015 年 12 月 16 日～18 日
本届主题	"互联网之光":文明之光、未来之光、业界之光
展会定位	"国际、创新、未来、体验、融合"
展览地点	博览会临时场馆设在乌镇西栅景区北侧
展区划分	发展理念区、"互联网+"展区、"双创"展示区、专场活动区

6.1 会议营销的认识

会议是指有组织、有目的的言语沟通活动方式,是围绕一定目的进行的、有控制的集会,有关人士聚集在一起,围绕一个主题发言、插话、提问、答疑、讨论,通过语言相互交流信息,表达意见,讨论问题,解决问题。筹划和召开各种会议,利用会议形式来传递信息,沟通意见,协调关系,也是公共关系常用的一种传播方式。

会议已成为人类社会活动中不可缺少的一种交流方式。无论是远古时代的部落议事会,还是当今社会的国际性会议,任何一种会议都是基于一定的客观需要,为解决现实生活中一些具体问题而举行的。

当今世界,各种名目的会议每时每刻都在进行,大到国与国之间,小到家庭成员之间,其目的是为了开展政治、经济、科技、教育、文化等方面的合作与交流,或是为了人与人之间协调关系、交流思想、联络感情、解决矛盾。因此,会议自古以来就是一种目的性很强的社会交往活动。同时,会议还必须有一定的组织和计划,只有这样,才能使会议的各项议题顺利开展,使报告、演讲、辩论、表决等会议项目有序进行,使会议成员最终通过交流达成共识,形成决议,进而实现会议的目标。

从会议在现代管理活动中的作用来进行定义和分析,一般而言,通常认为会议具有下列特点。

(1) 有明确的会议目的。如研究问题、交流思想、获取知识、表达观点、贯彻指示、分析对策、安排任务等。

(2) 有明确的会议议题和主题。即围绕会议的目标来设定主题和相应的会议议题,强调会议的针对性。

(3) 达成共识,得出结论。即在会议的接触、交流、辩论和合作中,最终得出一定的结论,或形成对与会者的约束力。

(4) 遵循一定的会议运营规则。如人数的要求、地点的要求座位的安排、时间的安排、议程的安排等。

会议营销也叫数据库营销、服务营销。它是指通过寻找特定顾客,利用亲情服务和产品说明会的方式销售产品的销售方式。会议营销的实质是对目标顾客的锁定和开发,对顾客全方位输出企业形象和产品知识,以专家顾问的身份对意向顾客进行关怀和隐藏式销售。它对商家出售产品、消费者了解产品都有很大帮助。

会议营销是营销中的一个重要组成内容,会议营销是一种借助和利用会议,运用营销学的原理、方法,而创新性开展营销活动的营销方式或模式。

会议营销属于单层直销,目前名称还不统一,有称科普(体验)营销的,有称数据库营销的,有称亲情(服务)营销或顾问营销的。其中,用得最多的是会议营销。但不管名称如何,会议营销是我国自改革开放以来,结合自身实际创造的、有着巨大销售力的销售武器之一。

会议营销看起来是十分简单,用通俗的话讲就是多功能营销,对传统营销的冲击非常大，但是也产生了积极影响它的使用方法、管理方法、员工素质、环境预测及外联关系都是事先必须解决的问题，如果没有准备好，就不要使用这样的一种营销模式，否则破坏性也比较大。

会议营销的真正意义在于销售与渠道、销售与市场、销售与各方利益关系的客观综合效能的最大化，是现代企业应对市场的有效途径。会议营销等于是高科技下的航空母舰，对现代营销的作用可想而知。

6.1.1 会议营销的主要工作内容

会议营销的主要工作内容如下所述。
(1) 优选会议地址，好的会议举办场地能够吸引与会者的参会热情。
(2) 确立会议的主题和会议营销的目的。
(3) 重视会议举办前的宣传工作。如撰写会议的邀请函及会议海报等。
(4) 做好会议前的各项准备工作。如接站、住宿安排等。
(5) 重视专业的会场服务工作。如会场的布置、设备的准备等。
(6) 会议组织者及时撰写新闻稿件，及时发表，提升会议的影响力。
(7) 最后，做好客户信息的搜集与整理，为下次会议的举办做好数据分析工作。

【拓展案例】

6.1.2 会议主题

美国营销大师阿尔·里斯和杰克·特劳特曾经说过，一个有好主题的会议就是一个稀缺的产品。选择一个好的会议主题非常重要。

美国《财富》杂志每年举办全球性的财富论坛，参加者都是《财富》所评选出来的"世界500强"企业的董事长和总裁。这么多世界著名企业所参加的会议本身就是一个极富吸引力的亮点，再加上主办方每次所选择的会议地点都是世界经济所关注的焦点国家或地区，所讨论的话题也都围绕着全球所关心的焦点经济问题而展开，因此，吸引了全球的目光。而《财富》也因此获得了良好的声誉，也获得了不菲的收益。

会议本身就是一种产品，会议的主题就是这个产品的核心卖点。一个有好主题的会议，就是一种稀奇的产品，会吸引众多的消费者前来光顾和消费。

那么如何找准并确定会议主题呢？

1．以时下最被关注的热点事件和问题为主题

社会热点问题和事件是所有人都关心和谈论的，社会大众都想对相关问题和事件了解得更多，一些大众媒体也都会对此进行报道。然而大众媒体的报道往往只是涉及表面，不够深入，满足不了大众的求知欲望和猎奇心理。这时，如果召集问题或事件的相关人员进行深度访谈或讨论，并将内容、结果及时告知大众，将会引起社会轰动效应，对主办企业来说，也将是一次很好的宣传机会。

 案例 6-1

会议门票供不应求

中国签署加入世界贸易组织的协议后,与世界贸易组织相关的问题迅即成为社会热点话题。"入世"的首席谈判代表龙永图曾率部分谈判代表和世界贸易组织专家到广州作专题报告。当年,消息一经传出,广州即掀起了"购票热",无数来自全省各地的电话不断打入这次会议的筹备单位广东省政府办公厅行政管理学会,传真也如雪片般飞来,要求只有一个:希望参加这次高层次的报告会。因索要门票的单位和人太多,远远超出了省府礼堂 1 000 人的容量,广东省政府办公厅当即决定将会场移至能容纳 3 000 人的中山纪念堂。但是,即便如此,所有的门票全部售空,而仍然还有许多人围在售票处希望能买到入场票。

2. 以社会上存在争议的问题为主题

以社会大众或某些群体所争议或某个现实存在的社会问题为会议主题,同样可以引起人们的关注。存在的争议正是会议的卖点。讨论争议,解决争议,请问题或事件当事人或权威人士发表看法,这对于一直关心某问题或者事件的群体极具吸引力,会引起他们极大的兴趣和注意力。

 案例 6-2

中国足球沈阳峰会

针对中国足球界存在的黑哨、假球现象,中国足球协会曾展开声势浩大的打假行动,各俱乐部也纷纷对此做出相应举措,国内球迷高度关注。例如,第八届中国足球甲级俱乐部总经理峰会除了讨论当年中超联赛的各项议程外,各俱乐部老总还曾签署了一份公平竞赛保证书,中国足协决定在"沈阳峰会"上增加了一项议题——让各俱乐部老总做出书面保证,不打"默契球",保证比赛的纯洁性。中国足协还起草了一份保证书,要求各俱乐部老总在上面签字。中国足协就此事办了讨论会,邀请足球界甚至体育界名人就关于打假、如何打假等问题展开讨论。

这个研讨会在球迷中间引起了巨大的反响,国内数以亿计的球迷都关心足协是否真的要杀一儆百,报纸、电视、广播、网络等媒体也都对此做出相应的报道,这样无形中扩大了会议的影响面和影响力,使会议取得的成果更加显著。

3. 以行业内共同关心的或有争议的问题为主题

一个行业所共同关心的问题包括这个行业的动态、发展、问题、竞争、人员等方面,特别是在经济性领域，行业内一个简单的问题或事件往往能引起整个行业的反响或震动。而就这些问题召集业内人士举行高峰论坛或研讨会等，讨论行业发展的前景，发展中的动力或阻力，企业间平等竞争、价格战等问题，商定行业通则、经营规范等，往往能吸引众多的目光，特别是在社会大众较为关心、联系比较密切的行业，这样的会议经常能够令所有人瞩目。

4．以新产品、新技术的出现为主题

【拓展案例】

企业在新产品上市或是产品性能有重大改进等事件发生时，往往要召开新闻发布会，或是召集有关方面专家、媒体记者等进行产品论证会和产品功能研讨会，以期通过权威认证获得消费者的认可，起到教育消费者、促进销售的作用。

案例 6-3

2012 年 12 月 20 日，"领先科技，海尔空调"
战略暨新产品新技术发布会

2012 年 12 月 20 日，"领先科技，海尔空调"战略暨新产品新技术发布会在北京中国科学技术馆召开。中国家用电器协会理事长姜风女士、国家信息中心信息资源开发部副主任蔡莹先生、中国家用电器研究院副院长吴尚杰先生、中国消费者协会消费指导部主任张德志先生、海尔空调全球总经理王友宁先生到场并致辞。

在逆境下如何逆势成长？又如何面对机遇与挑战？王友宁先生答："海尔空调做到了以用户需求为中心，通过对消费者进行广泛的调研、研究，海尔空调了解到品质、节能、技术需求和健康舒适的增值需求成为消费者最关注的要素。28 年来，海尔空调一直在品质、节能、健康、舒适、服务各方面不断创新，为全球消费者提供了最能满足需求的差异化产品解决方案。"面对 2013 年，海尔如何抓住未来先机，如何抢先占领市场？王友宁先生讲道："海尔空调实施领先行业的五大战略，包括技术领先、产品领先、品质领先、服务领先和体验领先。体验领先，用户的权利无限放大，产品给用户带来的增值享受成为提升品牌关注度和满意度的重要指标。领先的变频技术，实现三分钟速热。无论是技术领先、产品领先、品质领先还是服务领先，最终用户体验到领先，这是至关重要的。"

(资料来源：http://www.haier.net/cn/)

6.1.3 会议营销的特点

会议营销自身、内在的规律，需要我们去分析、掌握和运用。会议营销具有其自身的特点。

(1) 整体性。会议宣传推广是服务于整个会议的，主要任务是促进会议招商，建

立会议企业的良好形象，创造会议企业竞争优势，协助业务代表展开工作，指导内部员工接待客户等。会议宣传推广各个任务要处处注意和维护会议企业的整体利益。

(2) 阶段性。会议宣传推广各个任务不是同时实现和完成的，也不是在某一个时间段集中完成的，而是随着会议筹备工作的进展和会议的实际需要分步骤分阶段完成的。

(3) 计划性。由于会议宣传的任务多、阶段性强，会议开始筹备时就必须计划好宣传推广工作的各个环节，考虑到会议筹备工作各方面对宣传推广的需要，宣传推广对会议进展的促进作用才能够明显。

(4) 协调性。会议宣传推广是通过多种媒体和多种渠道来完成的，各媒体在实施宣传推广的过程中，时间上要协调，内容上要各有侧重，效果上要相互补充，这样宣传推广对会议进展的促进作用才能更明显。

博鳌亚洲论坛 2012 年年会赞助机会广告词

赞助博鳌亚洲论坛 2012 年年会会让您有机会与全球政界领袖、商界精英、专家学者及资深媒体人近距离接触，您的企业将与全球知名公司沃尔沃集团、福特斯克金属集团、茅台集团、沙特基础工业欧诺公司、赢创工业集团、塔塔集团、上海通用汽车有限公司、腾讯网、德勤公司、中国环保能源控股有限公司及吉森资本有限公司、蒙牛集团及其他赞助支持机构一起成为论坛最重要的合作伙伴。

我们为您提供不同级别的赞助方案。我们相信，有了您的积极参与，博鳌亚洲论坛 2012 年年会将成为又一个里程碑的会议。

 知识拓展

会议营销常用工具表格

会议营销常用工具表格见表 6-1 和表 6-2。

表 6-1　顾客邀约表

顾客分类			姓名	性别	年龄	电话	购买产品	意向购买	服务员工
老顾客	忠诚顾客	沟通型							
		发言型							
		带动型							
	一般老顾客								
	再开发顾客								
新顾客	意向顾客								
	一般新顾客								

表 6-2　顾客筛选表

姓名		性别		卡号	
家庭住址				电话	
其他联系方式					
阳历生日				特殊	
阴历生日				爱好	
身体状况					
家庭组成					
所属区域				A　B　C	

知识拓展

如何让你的会议更加迷人

1. 用技术吸引眼球

也许问题并不是出在会议的内容，而是会议组织者应该怎么包装会议。如果还用 10~15 年前的方式举办会议，邀请演讲者和播放他的 PPT，这也难怪与会者不买账。会议组织者需要清楚地意识到，参会者的品位已经改变了。

微博：Plan your meetings 网站通过网络会议平台上非常有效地帮助参会者发表观点和提出问题。参会者可以通过微博或短信来传递他们的观点和问题，并会显示在大屏幕上面，做到真正沟通。

在线互动：这种模式也可以应用到会后评估，你不再需要纸质的评估表，而且该技术服务的月租费也很便宜。

2. 利用移动应用程序网站

还有一些令人兴奋的手机应用软件，也会使你的会议形式更趋多样化。Meetingapps.com 网站是一个很好的助手，其通过提供按功能分类的移动应用程序列表来帮助会议策划者。

3. 更注重开放性

然而，会议组织者也不能仅仅依靠高科技使他们的会议闪闪发光，他们还需要注重会议的流程设置，用以增加与会者的参与性。

(资料来源：中国会展 2011 年 2 期)

6.2 会议营销的宣传

宣传最终是为了营销，在会议营销的过程中，宣传策划显得尤为重要。营销宣传是企业围绕营销而开展的宣传工作，营销宣传是企业经营战略和营销工作的重要组成部分。宣传既能为企业自身带来经济效益，增加无形资产价值，也能提高社会产品的社会效益。它既是营销工作的重要工作，又是营销工作的首要工作。

【拓展视频】

1．会议营销宣传的广告文案

著名的广告学者 H. 史戴平斯曾说过，"文案是广告的核心"。一个完整的会议广告文案由广告标题、广告正文、广告口号和随文(附文)四个部分构成。

【拓展文本】

1) 广告标题

广告标题是整个广告文案乃至整个广告作品的总题目。广告标题为整个广告提纲挈领，将广告中最重要的、最吸引人的信息进行富于创意性的表现，以吸引受众对广告的注意力；它昭示广告中信息的类型和最佳利益点，使人们继续关注正文。人们在进行无目的的阅读和收看时，对标题的关注率相当高，特别是在报纸、杂志等选择性、主动性强的媒介上。大卫·奥格威(David Ogilvy)说过，"读标题的人平均为读正文的人的 5 倍"。一测验报告表明，80%的读者都要先浏览广告标题再看广告正文中的信息。

2) 广告正文

广告正文是指广告文案中处于主体地位的语言文字部分。其主要功能是展开解释或说明广告主题，将在广告标题中引出的广告信息进行较详细的介绍，对目标消费者展开细部诉求。广告正文的写作可以使受众了解到各种希望了解的信息，受众在广告正文的阅读中对产品有所了解，逐渐建立了对产品的信任，并产生购买欲望，促进购买行为的产生。

3) 广告口号

广告口号是一种较长时期内反复使用的特定的商业用语。它的作用就是以最简短的文字把企业或商品的特性及优点表达出来，给人浓缩的广告信息。它是广告类应用写作的一种。

4) 随文

随文又称附文，是指在广告中传达购买商品或者接受服务的方法等基本信息。

内容包括购买商品或获得服务的方法主要包括：权威机构的证明标志、用于接听诉求对象反映的热线电话、网址、直接反映表格、特别说明、品牌(企业)名称与标志等。

2．会议产品促销策略

会议产品具有周期短的特点，因此会议产品的促销不同于其他产品的促销策略。常用的会议促销手段包括公共关系、广告宣传和网络促销等。会议营销者需要将相关的促销手段有机结合，才能达到更好的效果。

1) 公共关系

公共关系是会议产品促销的主要策略。会议营销的本质就是公关手段。会议组织者通过信息传播手段，建立良好的公共关系，树立良好形象。通过公共关系的建设，使目标受众容易接受会议内容，提高参会的兴趣和热情。

2) 广告宣传

广告宣传是借助媒体开展的一种公开的信息传播方式。广告宣传通常要在 3~8 个月开始宣传。

首先，选择适合的媒体。公司知名度的提高、人际关系的建立都可以通过媒体帮助实现。选择合作媒体前，应对所传播的地区媒体效果进行调查，已达到最好的效果。

其次，引起媒体关注。会议营销人员应了解和辨别哪些会议产品能给社会带来正面影响。

最后，注重广告宣传的设计。广告要吸引人应具有好的主题、好的内容等。

3) 网络促销

网络促销是指利用计算机及网络技术向虚拟市场传递有关商品和劳务的信息，以引发消费者需求，唤起购买欲望和促成购买行为的各种活动。会议产品的网络促销应具有一定的社会效应，使得媒体积极参与并扩大影响。

3．会议营销步骤

对于会议营销机构而言，营销是企业不断调整自身系统以适应需求变化的动态过程，在这一构成中企业内部的各职能部门需要充分协调，任何一个环节衔接不上都会影响整个市场营销活动的效果。一般来说，会议营销可以划分为以下几个步骤。

第一步：广泛搜集特定消费者数据信息，建立数据库。通过各种渠道收集消费者信息，这些信息包括消费者姓名、年龄、家庭住址、联系电话、家庭收入、健康状况等，建立消费者档案数据库，并对这些数据进行分析整理，把消费者根据需求状况分类，确定目标消费人群。

消费者数据信息搜集的渠道包括以下几个方面。

(1) 熟人，如亲戚、朋友、同事、邻居等。

(2) 通过熟人介绍。

(3) 陌生拜访陌生人。

(4) 通过各种活动搜集。

(5) 社区推广搜集顾客档案。

(6) 专柜或销售网点搜集顾客资料。

(7) 活动促销所登记的顾客资料。

(8) 联谊会、科普讲座所搜集的顾客资料。

顾客资料搜集完成后，要对顾客资料进行分析，找出准顾客、目标顾客、潜在顾客。针对不同的顾客进行不同的服务。

第二步：会议市场调研。市场调研与预测市场调研是现代市场营销活动的起点，它能为企业营销目标、营销方式及营销内容的确立与选择提供科学的依据。

收集市场信息是指为使会议的内容有的放矢,要多方收集市场信息,对该行业做深入的研究,努力抓住行业热点问题,收集相关信息。

以一次商务会议为例,主办者需要将市场调研的重点放在以下四个方面。

(1) 市场前景分析。

(2) 同类会议的竞争能力分析。

(3) 本次会议的优势条件分析。

(4) 潜在客户需求调查。

第三步:会议营销的组织实施。确定会议的时间、地点后,针对目标消费人群发出邀请。会议营销主要以服务为主,以健康保健理念的宣传,免费的健康咨询、诊断及消费者喜闻乐见的文娱活动来吸引目标人群参加;通过专家的推荐、消费者对产品良好效果的现身说法及业务员一对一的沟通,来促成销售。

第四步:跟踪服务。对购买的客户进行售后跟踪服务,指导使用,并对使用前后的效果进行比较,形成良好的口碑宣传。对未购买的客户进行继续跟踪,通过一对一的沟通消除其顾虑,促成销售。

企业、团队、个人为了赚取利润、吸引目光、推销自己,一种有效的途径就是利用会议、论坛、研讨会或展会等来进行,即会议营销方式。通过这种方式,可以有效地把企业、团队或个人的观点、理念、行为乃至产品传播给受众,从而达到提高自身知名度、树立自身形象和增加产品销量的目的。

不论是国际会议还是国内研讨会,只要是一次执行成功的会议,自筹备期起的公关宣传推广、预算控制到会议当天的活动执行与安全掌控,再到会议闭幕后的访客分析与优缺点检讨等整个过程环环相扣。一次成功的会议除了可以达成原会议举行目的,更可提升形象,增加会议外围经济效益,甚至与其年度总效益直接相关。

成功的会议营销所带来的总效益将超过原会议议程与目的,因此会议、论坛、研讨会、招商会、展会等形式为人们所热衷。那么如何经营一个会议,就要从会议主题的确定、会议的筹备与宣传、会场的布置、票务的销售、会议现场的掌控及会后的分析检讨这样一个流程来考虑。怎样才能达到理想的经济效益和社会效益,也成为人们所关心的一个问题。

会议是一个比较宽泛的概念,论坛、研讨会、高峰会、展览会、招商会等,都可以算是会议的范畴,甚至营销中为了销售产品而组织的会议、俱乐部等也可算是会议的特殊形态,都属于商业性质的会议,都以展示、销售某种观点或产品为直接目的。

案例 6-5

会议营销执行案例

客户:西安软件园,是国内软件与服务外包产业的专业园区,被认定为国家火炬计划软件产业基地、国家软件产业基地、国家软件出口基地、国家服务外包基地城市示范区,是目前国内四个拥有国家软件"双基地"的园区之一。

项目背景:移动互联网产业在国内以前所未有的速度和规模向前发展。园区希望利用已有的产业发展的综合优势,在产业链布局基本完成、应用效果初步显现的情况下,加大宣传力度，提升沟通质量，吸引更多的移动互联网企业到园区进行投资，营造移动互联网西部发展的新生态系统。

项目执行：
(1) 会议议题、流程调研及策划。
(2) 中英文邀请函撰写、宣传网页及易拉宝设计制作。
(3) 演讲嘉宾邀请。
(4) 目标企业信息搜集整理。
(5) 目标企业邀请。
(6) 会议现场统筹。

20家目标企业高层、2家行业协会领导及行业知名媒体人员共32人参加了本次活动，园区领导与目标企业进行了高效的沟通，参会企业为园区的移动互联网产业发展献策谏言，并传递出代表性的企业投资发展的需求。除此之外，这次活动还实现了以下目标：
(1) 提升西安软件园在国内移动互联网领域的知名度。
(2) 建立并发展与移动互联网产业链各端企业的关系。
(3) 促进西安软件园与意向投资企业的接洽。
(4) 推动园区重点项目的引进工作。

长期价值：与会议邀请过程中所有沟通到的企业保持良好关系。

对会上所收集到的企业及联系人信息进行快速有效的分类处理，推进与具有投资意向企业的后续沟通工作，实现企业的签约落地，加快园区移动互联网产业的健康发展。

(资料来源：http://www.imforce.com.cn/case/case_conference.html)

6.3 会议的营销策略

1. 产品策略

产品策略是市场营销4P组合的核心，是价格策略、分销策略和促销策略的基础。是指企业制定经营战略时，首先要明确企业能提供什么样的产品和服务去满足消费者的要求，也就是要解决产品策略问题。从一定意义上讲，企业成功与发展的关键在于产品满足消费者的需求的程度以及产品策略正确与否。

会议产品作为一种服务性产品，会议产品具有典型的无形性和综合性的特点，这决定了会议产品营销必然是一个资源综合利用的过程。

会议产品的主题是会议产品的核心，同时会议产品的软硬件也是会议产品的重要组成部分。如产品的定位、效果、适用范围等。

(1) 会议产品定位。这里说的会议产品定位，主要是指设定的目标消费人群，就是产品要卖给谁的问题。会议营销就是集中营销，虽然强调一对一的服务，但还是一对多的集中营销，需要目标人群的集中教育和说服。

(2) 会议产品效果。会议营销企业选择的产品，要有明显的效果，这样才能不断刺激目标手中群体，从而形成之后的购买和对产品的忠诚度，以保持强劲的生命力。

(3) 会议产品范围。会议营销与传统销售渠道相比，主要有四项费用：人力资源投入、数据库开发维护、会议场地的租赁和服务平台的建设。每一场活动都有固定的费用投入，如果没有大量、广泛的目标人群，就无法发挥其人群集中的爆炸效应，也无法支撑其机制的良性运转。因此，会议营销的产品一定要以目前产品功能适宜高集中人群来开发，产品的适用范围一定要广泛。

2. 会议产品价格策略

会议产品的价格是营销组合中最复杂的一个因素，为了有效地开展市场营销、增加销售收入和提高利润，企业不仅要给产品制定基本价格，而且还需要对制定的基本价格适时地进行修改。而会议营销产品的定价问题也着实让人很苦恼，随着市场的竞争激烈，价格变得越来越敏感，一个合理准确的定价策略不仅应考虑目标受众群体的接受程度，还要考虑会议组织在的成本、利润和市场的竞争情况等。

会议营销企业的定价目标，其目标有以下四点，维持生存、当期利润最大化、市场占有率最大化和产品质量最优化。在考虑自身的产品定价策划时，要首先明白企业在哪个目标方向上的倾斜是最大的，再根据主要目标去制定相关的定价策略。影响会议产品定价的因素有以下几点。

(1) 会议目标。回忆就目标是会议的意图和会议成功举行的意义、影响以及所期望得到的效果。例如如果公司要追求当期利润最大化，就会议营销企业来说，就应该选择当期市场上最火红的产品，最大限度地加大产品的包装和宣传力度，力求将每场会议的成交量提升到最大。

【拓展视频】

(2) 会议成本。成本是企业定价中必须要先考虑的问题。会议的成本主要有固定成本和可变支出。

(3) 目标市场。定价过程中很重要的一点是分析目标群体的价格敏感度，分析会议价格对不同市场的弹性如何。例如，公司类会议的与会者平均消费相对较高，协会类会议的与会者一般自愿参加，往往自己承担费用，所以费用较低。

(4) 竞争因素。竞争严格地限制了企业的定价策略。企业要生存，就必须在市场中立足，竞争的压力使得企业不得不关注竞争对手的产品价格，以便及时做出调整。

3. 会议产品渠道策略

会议产品营销渠道是将会议产品向目标客户准确地传递并销售，是实现会议项目整体目标的重要策略之一。主要的销售方式有以下几种。

(1) 直接销售。会议组织机构直接将会议产品销售给目标客户。例如：上门推销、产品说明会、电视营销和网上营销等。

(2) 代理商和中介机构销售。智力的代理商和中介机构是指具有双重身份，及时提供者和优势购买者，它们代表客户行使购买职能，同时有起着中介人的作用。

【拓展案例】

(3) 行业协会。每一个行业都有相对权威的组织或行业协会，在会议产品营销中，充分发挥与行业协会的合作，利用行业协会的渠道，通过协会的组织体系和关系网络来帮助拓展会议销售，针对性很强，能够收到理想的效果。

思考与练习

（一）名词解释

会议营销　随文

（二）填空题

1. 一个完整的会议广告文案由_____、_____、_____和_____四个部分构成。
2. 影响会议产品定价的因素_____、_____、_____和_____。
3. 会议营销的特点是_____、_____、_____和_____。

（三）简答题

如何确定一项好的会议主题？

（四）实训项目

1. 为一次会议策划一个活动。

自主搜集并选择会议主题。

策划一次会议活动，提升会议的关注度。

实训目的：了解会议营销的策略。

实训要求：小组合作完成

资料收集并整理成 PPT 进行讲解

2. 阅读下列资料，为"2016 首届互联网+教育论坛"设计一张宣传海报

2016 首届互联网+教育论坛即将开幕，为了协助每一位来宾顺利参与论坛，让论坛井然有序的进行，请大家按照以下提示参与会议：

【一】时间安排及报到地址

时间：2016-05-19 08:30

地址：广州白云国际会议中心 3 号楼东方厅

【二】交通指引

地址详情：广东广州白云区白云大道南 1035-1049 号广州白云国际会议中心 3 号楼东方厅

公交站：白云国际会议中心站，步行 500 米

地铁站：广州地铁 2 号线白云文化广场站 C 出口，步行 1000 米

【三】天气情况

1. 广州最近两天有阵雨，出门别忘了带伞做好防雨工作，以及安排合理乘车方式。
2. 会场的空调温度较低，带件外套在身边，避免着凉感冒。

【四】温馨提示

1. 报到期间可直接联系负责人协助办理报到手续。
2. 会议期间未通过组委会订中餐/晚餐的机构及个人，请自行解决饮食问题。

【五】活动日程(见下表)

海峡两岸暨香港、澳门传统教育信息化转型论坛
5月19日 主会场 上午9:00～12:00

时 间	姓 名	演 讲 主 题
8:30～9:00	签到	
9:00～9:30	开幕式	
9:30～9:40	吴霓	民办教育政策的现状与变革
9:40～10:10	傅哲宽	启赋资本投资布局教育的逻辑
10:10～10:40	罗运成	传统教育机构如何走出困局
10:40～11:00	王虎江	线下教育机构的发展瓶颈和突破之道
11:00～11:20	范四清	互联网+教育之教育测评与学业规划
11:20～11:35	吕森林	传统教育培训机构如何迎接互联网挑战
11:35～12:00	圆桌会议：凌敏、王虎江、贾智会、罗运成、陈向东、吕森林、谢智芳、沙云龙	信息化转型 1. 海峡两岸暨香港、澳门传统教育内容生产、教学方式各有哪些特点？ 2. 传统培训机构如何在互联网+大趋势下顺利转型？
12:00～13:30	参观产品展示区	

520分论坛流程

时 间	论 坛 地 址	分论坛主题
18日晚上 (19:30开始)	3号楼三楼3301会议室	台湾安亲班高获利分析说明会
19日晚上 (20:00～23:00)	2号楼深圳厅	新模式促成长(一)
	2号楼汕头厅	微信招生之六脉神剑
	2号楼佛山厅	托管专场
	4号楼东莞厅	教育培训机构暑假续班和招生的系统解决方案暨跟谁学天校系统广州首发仪式
	4号楼中山厅	轻松引流蓄水，突破招生瓶颈
	4号楼阳江厅	台湾安亲班高获利分析说明会
20日上午 (9:00～12:00)	2号楼深圳厅	新模式促成长(二)
	2号楼汕头厅	教培学校零基础做好机器人教育的秘诀
	2号楼佛山厅	项目路演

续表

时　　间	论 坛 地 址	分论坛主题
20日上午 (9:00～12:00)	4号楼东莞厅	教育培训机构销售策略及暑假班招生秘诀暨跟谁学商学院教培机构三年十倍成长计划全国巡讲·广州站
	4号楼中山厅	
	4号楼阳江厅	数学教学的产品化设计—深本数学招商加盟会
20日下午 (14:00～17:00)	2号楼深圳厅	新模式促成长(三)
	4号楼东莞厅	教育培训机构销售策略及暑假班招生秘诀暨跟谁学商学院教培机构三年十倍成长计划全国巡讲·广州站

展览会营销

Chapter 7

【学习目标】
- 学会对展会目标市场进行定位
- 能够运用常用方法进行展会营销
- 熟悉展览会整体性营销策略

> **案例导入**

六 大 特 色

1. 进口与出口相结合

以进口为特色

强调对东盟市场开放

做东盟商品进入中国的桥梁

2. 投资与引资相结合

落实中国-东盟自由贸易区《投资协议》

以中国企业"走出去"为特色

做中国企业投资东盟的平台

3. 商品贸易与服务贸易相结合

紧扣中国-东盟自由贸易区《货物贸易协议》和《服务贸易协议》

促进降税商品交易，推动服务贸易合作

4. 展会结合，相得益彰

会期既有展览、洽谈，又有政府官员、企业家、专家学者参加的高层论坛

"展"和"会"相互促进，交相辉映

5. 既是经贸盛会，也是外交舞台

传导中国-东盟自由贸易区商机，传递中国-友盟友好合作信号

6. 经贸活动与文化交流相结合

经贸活动之余，中国-东盟汽车拉力赛、高尔夫国际精英邀请赛等文化体育活动穿插其间，精彩纷呈。

历届中国-东盟博览会经贸成效统计信息

历届中国-东盟博览会吸引国内外企业踊跃参会，参展参会企业及客商人数稳步增长，贸易成交额和经济合作项目签约额逐年提高，东盟国家参展参会积极性不断增强，展会专业性明显提升，取得了显著的经贸成效。

项目	总展位数(个)	东盟展位数(个)	参展企业总数(家)	参展参会客商人数(人)
第1届	2506	626	1505	18000
第2届	3300	696	2000	25000
第3届	3350	837	2000	30000
第4届	3400	1126	1908	33480
第5届	3400	1154	2100	36538
第6届	4000	1168	2450	48619
第7届	4600	1178	2200	49125
第8届	4700	1161	2300	50600
第9届	4600	1264	2280	52000
第10届	4600	1294	2300	55000
第11届	4600	1223	2330	55700
第12届	4600	1247	2207	65000
合计	47656	12974	25580	519062

7.1 展览会的目标市场定位与策略

展览会在传统营销理论中只是市场推广的几种手段之一,随着其内容、功能、形式和内涵的不断发展,与其他方式相比,展览会在企业市场营销战略中的地位是非常重要的。

展览会是行业生产商、经销商和贸易商等进行交流、沟通和商业促进的平台。专业性展览会是其所代表行业的缩影,在某种程度上甚至就是一个市场,企业可以在展览会中建立并维持与利益相关者的关系,融洽客户关系,建立在市场中的企业整体形象。

7.1.1 展览会目标市场的顺向和逆向定位

1.以展览会为出发点的顺向定位

以产品为出发点,如一种商品,一项服务,一家公司,一所机构,甚至一个人等,但定位的对象不是产品,而是针对潜在顾客的思想。就是说,要为产品在潜在顾客的大脑中确定一个合适的位置。

列斯和特罗认为通常情况下,现有产品在顾客心目中都有一定的位置。例如,人们认为赫兹公司(Hertz)是世界上最大的汽车出租公司,可口可乐公司是世界上最大的软饮料公司,波舍是世界上最好的赛车品牌之一。这些品牌拥有自己的地位,竞争对手很难取代它们。

对于展览会的经营者和组织者来说,展览会就是自己的产品。所以,展览会的目标市场定位就是为特定的展览会在潜在顾客(参展商和采购商)的大脑中确定一个合适的位置。

2.以参展产品为出发点的逆向定位

无论展览会的经营者或组织者如何对展览会进行定位,最终吸引参展商的只能是采购商。参展商之所以参加展览会,就是因为采购商构成了参展商品的目标市场。也就是说,展览会只有成功地为参展商品营造目标市场,才能吸引参展商前来参展。不重视采购商或观众的展会,不会是成功的展会。目标市场越广、购买能力越强、购买潜力越大,参展商则会越多。

展览会的存在以参展商的存在为前提,参展商的存在以采购商的存在为基础,采购商的存在以参展产品的存在为条件。参展产品必须适应采购商的采购需求。所以,以参展产品为出发点进行目标市场的定位,以争夺采购商,吸引参展商,做大做强展览会。

7.1.2 展览会目标市场定位的主要作用

作为展览会的目标市场定位有着非常大的作用。

1.创造差异,吸引消费

现如今,参展商想要选择好的展览会已经成为一件困难的事情。因为展览会的雷同、重复,使得参展商不得不擦亮双眼认真辨别。这也使展览会的经营者或组织者的营销工作更加困难与艰辛。所以，要想得到参展商的认可，就要进行目标市场定位。展览会目标市场定位的第一个作用就是创造差异、吸引消费。

2．形成区隔，占领市场

定位使展览会在消费者的心中形成差异，但要特别注意与其他项目的区别，并及时建立自己的品牌特性，逐渐形成自己的市场。

7.1.3　展览会目标市场定位的策略

1．顺向定位的策略

以展览会为基础的定位策略主要有规模定位、水准定位、位序定位、地点定位、时间定位、价格定位、功能定位等。例如，广交会可以凭借其办展历史、办展规模、经济效益、深灰效益、中外影响、条件设施等方面的第一而用位序定位。

以经营或组织展览会的单位为基础的定位策略有实力定位、声誉定位、行业地位定位、经营方向定位、服务水准定位等。例如，海尔集团采用的服务定位策略。

2．逆向定位的策略

以参展产品为基础的定位策略主要有参展产品的品种定位、规格定位、数量定位、质量定位、功能定位、价格定位、用途定位、用户定位、利益定位等。例如，中国(吉林)玉米产业展销会，主要以产品为突出特色，进行展会定位。

7.1.4　展览会目标市场定位信息的传递

1．简洁清晰

消费者心智的第一个特点是喜简繁杂。在每一类产品当中，消费者会选择性地记忆自己认为最重要的几个，而把其他的信息全部抛掉。一般情况下，一次传递的定位信息不能超过三个，最好只突出一个。而且这一个必须是独一无二的，才能真正吸引消费者。

2．贴近生活

消费者心智的第二个特点是顽固保守。由于人的生活环境不同，现行的心智状态也就不同，从而决定了人们对信息的接收方向和方法，决定了人们对事物的喜欢或厌恶。所以定位信息的传递必须做到贴近生活。尽可能用生活中大多数人能够接触到的，带有普遍性的事物、知识作为传播的切入点。在传播过程中，应该通俗一些，以免脱离群众。

3．观念先导

消费者心智的第三个特点是可变可塑。定位信息的传递必须做到观念先导。即利用传播手段，在消费者的头脑中营造一种"观念区间"，开发一块相应的"脑区"，再用外力激活它、转变它，使之上升为购买欲望、购买动机、购买行为。

【拓展视频】

知识拓展

拓展品牌展会新思维

1. 当前国内会展业的观念误区

(1) 单一追求合同金额。

(2) 盲目攀比展馆面积。

(3) 一味强调客流量。

(4) 过分担心客源流失 品牌展会的标准。

2. 树立品牌展会的基础要素主要有以下几点。

1) 权威协会和行业代表的坚强支持

按国际惯例，政府一般不干预企业办展，展会的成功与否，多取决于整个行业和企业对其的认可。会展企业若能得权威行业协会和该行业内主要代表的支持和合作，无疑就增加了该展会的商誉和可信度，使之规模不断扩大，并带来巨大的宣传效果和影响力。

2) 代表行业的发展方向

代表行业的发展方向是品牌化展会的中心。能代表行业发展的方向的展会就会有明确的目标市场和目标客户，就能提供几乎涵盖这个行业的所有信息，展会提供的信息越是全面、专业，观众就越积极，参展企业也就越踊跃。

3) 提供专业的展会服务

专业的展会服务要求会展企业的整个运作过程迅速高效、服务周到。从市场调研、主题方向、寻求合作、广告宣传、招展手段、观众组织、活动安排、现场气氛营造、展会服务、甚至包括会展企业对外文件、信函的格式化、标准化、都须具备较高的专业水准。

4) 配合强势的媒体宣传

新闻媒体宣传是塑造品牌的一个重要环节。一个好的展会虽然会在行业内有一定的知名度，但频繁的新闻报道和适当的"炒作"更能促进展会知名度的提高，以此形成良性互动，使展会更具吸引力。世界上几家著名的贸易展览公司如 Miller Freeman 和 Reed 集团同时都经营着世界上著名的商业出版社。这些得天独厚的条件为其展会的品牌提供了竞争优势和条件。

5) 获得"UPI"的资格认可

国际博览会联盟(UFI)对申请加入其协会的展览项目和其主办单位有着严格的要求及详细的审查程序。由于有了这套较为成熟的资质评估制度，UFI 资格认可和 UFI 使用标记就成了品牌展览会的重要标志。目前全球得到 UFI 资格认可的展览会有近 600 个，而中国只有 6 个。

6) 坚持长期的品牌战略

培养一个品牌展会并不容易，必须要有长远眼光，要敢于投资、敢于承担风险、精心呵护、耐心培育。会展企业必须确立长远的品牌发展战略，从短期的价格竞争转向谋取附加值、谋取无形资产的长期竞争，用先进的品牌营销策略与品牌管理技术抢占会展市场的制高点。

要培养我国会展业的品牌展会，首要的一点就是要经营与管理者树立牢固的品牌观念，认识到走品牌化的发展道路才是中国会展业持续健康发展的唯一途径，并从场馆设计、主题的选择、展会的规划、展会的组织与管理等具体方面来实施会展业品牌化发展。

3. 如何创立品牌

1) 制定品牌战略

要培育我国会展业的品牌展会，首要的一点就是要经营者与管理者树立牢固的品牌观念，认识到走到品牌现代化的发展才是中国会展业持续健康发展的唯一途径，并从场馆的设计、主题的选择、展会的规划、展会的组织与管理等具体方面来实施会展业的品牌化发展。

2) 提升品牌质量

主要从展会的硬件和软件两个方面入手。会展的硬件设施是影响品牌质量的一个重要因素，国际上著名的品牌展览会中所使用的设备也往往是最先进的。因此，要实现展会品牌质的飞跃则要求会展公司加大投入，不失时机地更新展会的硬件设备。会展的软件服务：一方面会展企业要加大专业人才的引进力度，另一方面会展企业应积极加入国际性的会展组织，通过这些途径实现展会服务与国际接轨。

3) 拓展品牌空间

会展品牌的拓展空间具有三维性，即时间、空间和价值。时间是指品牌的影响力随着时间的延续而不断发散和扩张。一般来说，展会延续时间越长则参展商与参观者之间的交流就越充分，展会的效果就越显著。国外的展会延续时间大约有十来天，而我国的展会往往只有三五天时间，这对于会展品牌的拓展是远远不够的。空间指品牌在地域上的扩张。德国汉诺威展览公司就通过在上海举办的汉诺威办公自动化展(CEBLL)，成功地迈出了世界性扩张的第一步。价值则指品牌作为会展企业的无形资产，其经济价值的含量是可以增加的，品牌价值的上升实际上也是为了会展业品牌在时间上和空间上的拓展创造条件。

4) 打造网络品牌

如今，网络已日益成为人们生活中的第二空间，我国会展业应该充分利用网络的信息资源优势，在现实世界打造出知名的中国会展网络品牌。而网络品牌的建立主要从企业网络形象塑造、网络展会的建设以及开展网络营销等方面进行。借助网络优势开发出形象、生动、交互性能良好、功能强大的网络展会平台。

【拓展视频】

最后，网络品牌的缔造同样离不开对品牌的宣传和推广。在网络世界，品牌的推广可以通过两种渠道实现：一，将网络资源登录到国内外知名的搜索引擎上，便于人们建立相关的链接，对于这种专业性比较强的行业来说，该方式可能是较为有效的。二，与网民展开互动型的公关活动同样可以达到网络品牌推广的目的。

7.2 展览会主体性营销策略

在我国，现阶段乃至今后较长的时间里，办展主体都将是一个比较复杂的概念。政府、协会、专业展览公司都是组织者。鉴于展览会这种服务产品的特殊性、展览会双向营销(招商和招展)的特殊性、展览会目标市场分布的特殊性，展览会的经营主体无法提供有形的产品，完整地运用产品策略、价格策略、分销策略、促销策略探索出一条适应展览会营销的策略尤为重要。下面将对几种常用的营销策略进行分析。

7.2.1 DM 营销策略

1. DM 营销

DM 营销,是指通过直接邮件作为企业产品或服务的发盘载体,目标市场成员根据该发盘信息,通过指定的渠道(电话、信函)进行问询或订购的营销过程。展会经营者可以通过邮局直接向目标参展商、目标采购商、特邀嘉宾等邮寄关于展览会的书面材料(如明信片、信函、招展书、招商函、免费入场券等)或电子材料(光盘等),传递各种可以影响目标客户做出相关决策的营销信息。DM 营销实现或辅助实现展览会招商招展和组织观众等营销目标的一种常用分销策略。

2. DM 营销的特点

(1) 成本低廉。
(2) 包括的信息十分详细全面。
(3) 用邮件的方式寄给顾客,缩短了与顾客之间的心灵距离。
(4) 特别能巩固与老顾客之间的关系。
(5) DM 对象是经过认真筛选的,具有很强的针对性,比其他营销工具减少了许多盲目性。

3. 直接邮寄营销策略的实施步骤

直接邮寄营销策略的实施步骤可以分为设定行动目标—设定预算—明确目标客户—确定邮件的外形和内容—分析反馈五部分。

1) 设定行动目标

尽可能设定具体的行动目标,这是决定行动是否成功的唯一方法。

2) 设定预算

预算水平决定行动的特点及范围。建议在整个计划过程中至少有一个抽象的估算数,以指导行动发展进程。

3) 明确目标客户

了解有关目标客户,包括对定性和定量的信息进行分析。这一阶段所包括的资料越多,最终的反应率就越高,问题越清晰。

4) 确定邮件的外形和内容

邮件的外形和内容都应及时确定下来。因为它涉及几个不同的供应商的合作,如印刷商、设计员等。邮包及邮件可以通过内部员工或邮局,也可以通过电子邮件的形式来发送。

5) 分析反馈

运用各种手段进行分析反馈,如通过网络、问卷调查、研讨等形式进行效果分析,为下一次的设计奠定基础。

4．直接邮寄营销的优缺点

DM 营销的优点是针对性、选择性、灵活性强，注意率、传读率、反复阅读率高，无任何媒体营销可以与之竞争。直邮营销的缺点在于传播面积小、影响力较小。使用这些名单的时候，应注意名单的重复，以免同一份邮寄品两次以上寄给同一顾客，从而发挥邮件的最大效果。

5．DM 营销的注意事项

(1) 严格管理。DM 动态管理中最重要的工作是加强对 DM 活动的整体调控力度，区分直接邮寄对不同展会主题的针对性；建立 DM 活动的负责机制。

(2) 全程监控。DM 退件平均率为 2%～4%，可以考虑采用挂号邮寄的方式，既避免了邮件被当作垃圾邮件，又可以保证退件的回收率。

(3) 邮件再发。为确保直邮活动的效果，根据展览组织的特点与经验，至少发送三次邮件。

(4) 策略配合，如广告促销、公关促销、电话推销等。

6．DM 营销的历史与发展

在我国，根据 DM 对象的性质不同，可以将 DM 的目标群分为消费者个体、家庭和企业群三大类。

有的消费者将 DM 视为是对个人隐私的侵犯，他们有一种强烈的反感：他们的名字被提供给另外的公司前，应该得到本人的准许；太多雷同的且对他们毫无意义的 DM 信函让他们觉得正常的生活秩序被扰乱了；另外，现在还有许多恶意 DM 信函。

企业界对 DM 的态度一直在改善，大部分接收企业之间 DM 信函的企业，对 DM 都持有较积极态度，将其视为有用且必需的传播方式。那些为本公司营销活动而采用 DM 营销的企业，更喜欢接收 DM。但由于企业中存在着各种各样的部门，如秘书、办公室主任等，经过层层过滤，邮件的到达率也不高，近 24%的目标受众可能永远接收不到邮件，16%的邮件被完全抛弃，尤其是那些制作不突出、无鲜明个性的邮件。

因此，部分企业认为直邮效果差，企业在进行营销活动组合时，往往不考虑 DM 营销。

但近年来，由于技术进步、媒体分割的飞速发展，DM 在国外有了长足发展，DM 的数量增长了约 123%，且已成为近几年来增长最快的媒体之一。DM 又成为营销组合中不可或缺的要素之一。

美国 DMC 公司以 DM 的方式销售主要消费品，是美国最大的直销组织之一。DMC 公司从期刊、信用卡公司及政府那里购买订购者名单，并照着这些订购者名单上的地址邮寄各种广告材料。这些广告材料包括产品的宣传资料及已付邮资的明信片。

订购者如果想获得更多的信息就可以将这张明信片寄回。每一张明信片都编了号，以便于查到寄回明信片的人属于哪张订购者名单，这样公司就可以记录下每份名单的回复率。从返回的明信片上转抄下来的人名和地址就成为 DMC 公司国内销售人员的销售指导信息。销售人员的责任就是通过亲自拜访(在偏远地区则通过电话)对客户进行跟踪。DMC 公司邮寄部门的主要作用就是策划邮件的投递工作，以便给销售人员提供源源不断的指导信息。

网络的运用为 DM 的发展提供了更为广阔的发展空间。20 世纪时人们将 DM 定义为"通过邮局寄往家庭或企业的邮件，传递附有收件人个人地址的广告"。在这一定义中，邮局是 DM 的唯一媒体。但自从出现了互联网，人们可以运用互联网将企业邮件直接发送到顾客的电子信箱里，这是 DM 在新时代的媒体转换，是一个纵深的发展。通过互联网寄送电子邮件成本低廉，反馈速度快，其投入产出比大大提高。因此 DM 的定义可以正式更改为"通过邮局或互联网寄往家庭或企业的邮件，传递附有个人地址或电子信箱地址的广告"。

从 DM 曲折的发展历程可以看出，只要企业在操作 DM 活动时，尽量利用现有技术，注重顾客或邮寄对象的感受，讲究策略和方法，用严格而标准的操作程序，配合一定的技巧就可以达到更好的效果。

7.2.2 传真营销策略

1．传真营销的定义

传真营销(Fax Advertising)是以 PSTN(电话交换网)和互联网络为基础，利用传真技术将产品或者服务的宣传资料直接投递给目标客户的一种新型的市场营销方式。原理是通过互联网将文件传送到传真服务器上，由服务器转换成传真机接收的通用图形格式后，再通过 PSTN 发送到全球各地的普通传真机或任何的电子传真号码上。

传真营销是较为普遍的展会营销手段，但由于展会类型、产品不断增加，使得这一方法失去了开始的效果，故不能单独使用。但作为营销的辅助手段也是非常重要的。

2．传真营销的特点

(1) 有效到达率高：与电视、平面、网络、DM 等营销方式相比，传真营销可以更精准地锁定目标客户，将产品或服务信息直达目标客户，其有效到达率是其他营销方式无法比拟的。

(2) 独占性：传真营销无须和其他广告主同台竞技，具有独家占有终端的优势。

(3) 灵活：传真营销可以根据客户需要对服务或产品信息进行个性化的描述，可大批量在任何时段内到达目标顾客传真机，印刷速度快，传播速度快。

(4) 省钱：费用低廉，性价比极高。

3．传真营销实施步骤

① 收集、整理、确认传真对象及有关背景信息；②确定传真内容；③撰写传真正文；④整理和编排传真附件；⑤用专用纸张发送；⑥收集反馈信息，做好后续工作。

4．传真营销的注意事项

传真只用于有过业务接触或一定程度沟通的目标客户；传真的正文尽量限制在一页内；传真正文与附件一起编页，以便接受者确认收到的传真是否完整；群发传真需要将普通传真电子化。

5．传真营销与电话营销的比较

传统的电话营销一般会在电话联系业务第一次成功之后,采用人盯人的办法,来对业务进行追踪。但是现实操作中,电话营销常常会出现去电被拒,对方敷衍了事的情况。因为很多办公人员不愿意接到这样的推销电话,除非他真的十分需要这种产品。那么,针对客户开展精准营销则是一种比较务实的选择,做好精准营销,甚至可以起到"四两拨千斤"的效果。

很多产品会有一些比较拗口的表述,在电话里是很难一下子表述清楚的,可能会导致业务和产品信息在销售员和顾客之间传递时出现信息丢失。如果信息丢失情况严重,会危害到业务的顺利进行。传真营销作为业务推广的前期途径,它的信息准确传达的效率要比电话交谈高很多。传真营销将业务信息事先通过字面提炼,将最精确、最明白的信息表达在纸面上传递给对方。从信息的传达完整性和效率来说,传真营销占据上风。

两种营销模式的操作成本比较:电话营销一般会设置相应的电话业务员拨打电话联系业务,一名业务员一天最多能做 100 个电话销售。假设公司内有 10 名业务员,那么他们一天能做 1 000 个电话营销。这 1 000 个电话的营销费用大致为 10 个业务员的工资＋1 000 个超过 3 分钟的电话的电话费＋设备开支……如果采用网络传真群发系统平台来批量发送传真广告给事先分析过的潜在客户,1 000 个客户传真的发送大概只需要 30 分钟。那么这 1 000 个传真营销的成本是 1 000 页 A4 纸的传真费用＋30 分钟的系统费用,因此,传真营销更加经济、节约。传真广告群发是广大用户可以自主实施的一种行之有效的而且费用低廉的业务拓展方式,已经被越来越多的企业所接受。

传真营销作为一种新型的精准营销工具,在业务推广阶段的作用已经逐渐显现出来了。传真营销是指借助网络传真的群发功能(传真群发),结合营销思想与新颖的传真宣传函,以定向发送传真的方式精准送到潜在客户群的决策者手上,让销售更加高效。

7.2.3 电话营销策略

电话营销是目前展会招商招展的最主要方法之一,在这里主要介绍与展览会相关的电话营销策略。

1．建立积极正确的心态

应充满自信不要报怨工作难做,不要总是抱怨项目不好,不要总抱怨同行竞争激烈,不要总是抱怨客户难缠,不要满足于已有的销售业绩不思进取,不要在客户面前低三下四、过于谦卑,不要拖延工作时间,不要找退缩的理由,不要害怕被拒绝。

案例 7-1

电话营销案例

A:电话营销人员　B:客户

A：您好，请问是××公司吗？
B：是的，请问您是哪里？
A：是这样，我是×××公司的，我想找一下王总。
B：王总不在，请问你们是做什么的？
A：我们是××做网站建设的。
B：我们暂时不需要……(挂断)

案例分析

此次电话营销存在的问题：
① 电话销售人员不够自信；
② 没有提到自己的名字；
③ 在还没有找到负责人时就开始谈产品；
④ 很容易让人辨别是销售电话；
⑤ 始终是对方控制局面；
⑥ 没有关注对方的姓名。

2．电话营销前的准备

充分了解项目的市场信息；了解客户的基本信息，产品情况；明确打电话的目标(主要目标：根据展览的具体特征，确认目标客户是否为意向参展商；约定合适的通话时间与方法，让目标参展商了解展览的概括与服务项目，引起目标参展商的重视；确认目标参展商合适可以做最后决定并确定目标客户参展报名时间。次要目标：通过电话营销尽可能地获得目标参展商的相关资料；与目标参展商建立长期信息交互的关系)；为达到目的所必需问的问题；预想客户可能会提到的问题；准备所需的工具(笔、纸、相关电话、会展产品资料、相关行业资料)。

3．电话营销的实施步骤

(1) 选拔培训电话营销人员，电话营销的效率性与便利性是通过营销人员的个人魅力与技巧来实现的。

(2) 全面收集目标客户的背景资料(主要是名片)，分析目标客户的参观动机和需求(销售、选择下一级渠道、宣传等)。

(3) 撰写电话营销的沟通提纲，包括展会基本信息、产品优点、展会特色、目前状况等。

(4) 准备电话营销的记录本，对目标客户的想法进行记录，方便下次进行沟通。

(5) 为目标参展商准备参展建议方案。

(6) 调整好心态。电话营销过程中被拒绝是常事，所以调整心态很重要。

(7) 执行第一轮电话营销。

(8) 分析并筛选，总结第一轮效果和问题，开始第二轮电话营销。

4．开场白设计

电话开场白应包括我是谁及我代表哪家公司；我打电话给客户的目的是什么；此次项目与服务对客户有什么好处；询问客户的相关问题。

案例 7-2

电话营销——直截了当开场法

营销员：您好，朱小姐/先生吗？我是上海常祥实业的销售顾问李明，打扰您工作/休息，我们公司现在做一次市场调研，能否请您帮个忙呢？

情况一

顾客朱：没关系，是什么事情？

情况二

顾客朱：我很忙/正在开会。

营销员：那我一小时后再打给您吧，谢谢您的支持。

(营销员主动挂断电话，当一小时后打过去时必须营造一种很熟悉的气氛，缩短距离感)

营销员：朱小姐/先生，您好！我姓李。您叫我一小时后来电的……

案例 7-3

电话营销——他人引荐开场法

营销员：朱小姐/先生，您好，我是常祥公司的销售顾问李明，您的好友王华是我们公司的忠实用户，是他介绍我打电话给您的，他认为我们的产品也比较符合您的需求。

顾客朱：王华？我怎么没有听他讲起呢？

营销员：是吗？真不好意思，估计王小姐最近因为其他原因，还没来得及向您引荐吧。您看，我这就心急地主动打来电话了。

顾客朱：没关系的。

营销员：那真不好意思，我向您简单介绍一下我们的产品吧……

案例 7-4

电话营销——故作熟悉开场法

营销员：朱小姐/先生，您好，我是常祥公司的销售顾问李明，最近可好？

顾客朱：还好，您是？

营销员：不会吧，朱小姐/先生，您贵人多忘事啊，我李明啊，工作压力大还是要注意身体的。对了，贵公司最近的产品我很关注，请问贵公司目前有没有参加展会进行产品推广的计划呢？

顾客朱：可能没有。

营销员：没关系！为了您以后想参展或了解参展方面的信息，我给您发一份资料过去吧！

顾客朱：好吧！

营销员：朱小姐/先生，请多注意身体，再见！

案例 7-5

电话营销——从众心理开场法

营销员：您好，朱小姐/先生，我是常祥公司的销售顾问李明，我们公司是专业从事××产品销售的，我打电话给您是因为目前我们展会产品成功帮助了许多公司签约，我想请教一下您在××方面有参展的计划吗？

顾客朱：是吗？我们公司目前正想进行一次新产品的推广。

销售员：那好！(稳重)我们的组委会可以帮您策划一下新产品推广的计划。

顾客朱：那太好了！

7.2.4 活动促销策略

1．活动促销策略的基本概念

【拓展视频】

活动促销策略是指在展览会期间，为创造现场气氛、丰富和提升展会功能而专门策划的各种活动，如会议、表演、联谊、开幕式、比赛、论坛、评奖、宴会、洽谈会等，这些活动和展览会融为一体，成为其重要组成部分，活动的信息往往单列一项，放在招展书和招商函里，作为吸引消费者、促进销售的手段。

在德国是先有"展"，后将"展"与"会"结合；美国是先有"会"，后将"会"与"展"结合。我国作为新兴的会展国家，取众家所长，则往往是展中有会、会中有展，展会结合，相辅相成。

2．活动促销策略的主要优势

(1) 能吸引更多的潜在参展企业和潜在客户。策划得当、组织完善、丰富多彩的展会相关活动对展会观众有很大的吸引力，其他相关活动如行业会议、项目招标、技术交流等对吸引企业参展也有较大的帮助。

(2) 能丰富展会的信息功能。展会是市场和行业信息的重要集散地，很多观众参观展会主要是为了收集各种有用的信息，举办展会相关活动能极大地丰富展会的信息功能。例如，在展会期间举办一些专业研讨会、技术交流会、行业会议，与会的专家和行业专业人士能将大量的信息带给观众，信息传播作用非常明显。

(3) 能扩大展会的展示功能。展会是企业产品的重要展示平台，许多参展企业精心设计展位，精心挑选展品，主要目的是在展会上充分展示企业和产品的良好形象，树立和强化品牌。展会相关活动能很好地扩展展会的这一功能。例如，在展会期间举办的产品展示会，能使企业和产品的形象更好地展现，使观众对其产生更加深刻的印象。

(4) 能强化展会的发布功能。在展会上，行业人士聚集，信息传播很快，对新产品的发布影响很大，展会因此也成为许多企业发布新产品的一个重要场所。有些展会专门组织新产品发布会，还有些展会将新产品发布与表演和比赛等活动结合起来举办，以此来强化展会的发布功能。

(5) 能延伸展会的贸易功能。许多企业参展的主要目的是成交贸易，很多观众参观的主要目的是寻找合适的供应商，展会因此也成为一个重要的贸易平台。展会相关活动能延伸展会的贸易功能，如产品订货会、产品推介会、项目招标活动等。

(6) 能提升展会档次，扩大展会影响。现代展会是一个信息高度集中的商业平台，如果展会企业举办的相关活动策划得好，不仅能进一步扩大展会的影响，还能极大地提升展会的档次，如行业会议、高水平的专业研讨会和技术交流会等。

(7) 能活跃展会现场气氛。一些富于观赏性的相关活动及一些大众参与性较强的相关活动能极大地调动现场观众的积极性，使展会现场气氛活跃，为参展企业创造良好的现场氛围。当然，并不是所有展会相关活动都能对展会起到促进作用，组织策划不当，反而会画蛇添足。所以，策划展会相关活动一定要遵循一些基本原则。

3．活动促销策略的关键

无论是做展会营销、会议营销，还是团购、联合促销等其他类型的促销活动，只要始终围绕策划与执行两个环节，紧紧抓住主题策划、活动宣传、活动力度、人员分工、气氛营造、动员激励和人员培训七个关键点，就能达到预期目标。

1) 主题策划

活动主题是整个活动的灵魂，有好的活动主题，活动就成功了一半。活动主题的策划一般流程是调研、归纳兴趣点、确定主题。调研对象为新客户、老客户、意向客户；方式为电话、面谈(配合调查表)、当地新闻点。归纳兴趣点：在活动开始前1～3个月，从调研结果中归纳出的1～3个(目标客户)兴趣点。确定主题：采用"逐一排除法"确定。

欧派集团针对金融危机来袭，全国上下一片恐慌的情势，以及消费者求"省"的心理，将2008年11月会议营销活动主题定为"金融危机不用慌，欧派工程价帮您省"；针对中国经济回暖、全国房价呈回升的势头，将2009年4月25日会议营销活动主题定为"金融危机不用等，欧派工程价帮您省"；欧派集团的其他活动主题也较有特色，如"'火炬计划'500万到宁波，展会期间优惠高达30%(宁波家博会)""热烈庆祝欧派巢湖旗舰店开业，交1 000变4 000(巢湖旗舰店开业)""冠军联盟，千人团购大聚'惠'(平顶山团购)"等。

2）活动宣传

"酒香也怕巷子深。"如果没有弄得满城"酒香",也就是宣传造势不够大,客户自然也就不会"闻香"而来。

活动宣传通常有以下三种方式。

【拓展视频】

(1)"定向轰炸"(精准营销)。例如,短信群发就属于这一种方式,最大的特点就是费用少,收益大,但是覆盖面与影响力较小。

(2)"广而告之——广撒网,多捞鱼"(大众营销)。例如,电视广告、报纸广告、花车游街、户外广告牌等就属于这一类型,最大的特点是覆盖面广、影响力大,但是费用多、单位收益率偏低。

(3) 将"定向轰炸"和"广而告之"结合起来(整合营销),最大的特点是性价比高。具体采用哪种类型主要根据所采用的活动形式与经费多少而定。

无论是采用哪种宣传策略,都离不开日常对客户来源的分析,脱离了对客户来源的分析与广告投放效果的监测与评估,会出现该投放的媒体没有投;不该花的钱花了;得到的结果是"花大钱办小事"。

3）活动力度

最终购买服务(产品)的是客户,如果客户感觉活动力度和平时所了解的没什么两样,那自然也就不会心动,当然也就更不会行动。结果就会出现展厅人如潮涌,签单却寥寥无几的现象,即所谓的有人气,没财气。活动力度一般比平时大 10%～20%比较适宜,太大(对后期影响大,最终出现不促不销)或太小(客户不买账,亏本赚吆喝)都不太好。

4）人员分工

遵行"牛根生法则"——千斤重担人人挑,人人头上有指标。编制活动进度表和活动期间人员分工一览表,按照时间节点,将所需要完成的工作分解到每一个人,工作量大或涉及跨部门的工作可考虑安排协助人。没有监督就没有执行,执行过程中必然不能缺少监督人。监督人每天根据两个表进行跟进、时时掌控工作进度、完成情况,这样才能做到出现问题及时调整,稳步推进,不至于到最后阶段出现该做的事情没有做的情况。

5）气氛营造

众所周知,人是环境的产物,环境对人的影响是巨大的。假如到一个陌生的地方用餐,有六家餐厅(公告的价格相近)可供选择,有三家餐厅用餐的人较多,还排起了等候的长队,而另外三家餐厅却很冷清。一般情况下,大多数人会选择到客人较多的餐厅用餐,因为人们会认为既然那么多人选择这家餐厅,到那里用餐肯定不会错。

6）动员激励

古代两军交战之前,要先击鼓三声以鼓舞士气,做促销活动也是如此。活动开始之前一定不要省略或忽视动员这一环节(公司高层管理人员做动员最佳),它在统一思想、鼓舞士气方面起着十分重要的作用。

常言道,"重赏之下必有勇夫",这句话的意思是不能缺少激励,其实激励不能一味只是正激励(长此以往就会失效),还要适时进行负激励,这样才能真正让活动参与人员做到全力以赴。

7) 人员培训

活动期间的培训，重点集中在本次活动对客户利益点的介绍(如对比法)，并辅以品牌卖点、产品卖点、消费理念的引导等，也就是常说的"活动话术"。最行之有效的培训方式是讲师授课与模拟演练两种方法结合，这种方式最大的好处是能"落地"，不至于"悬在半空中"，真正实现参与者入耳、入脑、入心，增加接单量。

4．活动促销策略的注意事项

活动的主题与形式要符合展会的需要；活动必须有助于丰富和完善展会的基本功能；活动必须有助于展会吸引更多的潜在客户；活动必须有助于活跃展会现场气氛而不能产生负面影响；活动本身不能喧宾夺主；活动要有良好的可执行性。

7.3 展览会整体营销策略

【拓展视频】

7.3.1 整体营销概述

整体营销策略以 1992 年菲利普·科特勒提出的整体市场营销观念为理论基础。该观念认为，从长远利益出发，公司的市场营销活动应包括内部和外部所有重要行为。

传统的营销理论一般视企业市场营销为企业运用产品、价格、渠道和促销这四项内部可控要素进行有效组合，以完成产品销售的过程，并认为只要营销组合策略得当，产品销售就能成功。1992 年菲利普·科特勒提出了整体营销策略。整体营销策略是以整体市场的营销观念为理论基础。该观念认为，从长远利益出发，公司的市场营销活动应囊括构成其内部和外部环境的所有重要行为者，包括供应商、分销商、最终顾客、职员、财务公司、政府、同盟者、竞争者、传媒、一般大众等。

新兴的整体营销理论则在此基础上，以系统论为基本指导思想，将企业置于社会经济大环境中来考察，认为企业营销不仅是其内部四项要素有效组合的过程，而且是企业与消费者、竞争者、供应商、分销商、政府机构和社会组织等发生互动作用并取得均衡的过程。

实施整体性营销战略，就是要求企业立足全方位，进行综合素质、综合能力的营销，不能把市场营销看作是个别的、不连续的、短暂的、突然开始又匆匆结束的一个个孤立的交易活动，而应视之为一种关联的、长期的、稳定的循环交易过程；不应仅从交易的一方出发，而应从各方关系的角度出发来分析市场营销，将追求每笔交易利润的最大化转化为追求同各方面关系的最优化。概而言之，企业不仅要善于有效组合内部营销要素，而且要善于建立与外部环境要素的和谐关系，进而通过利用这种和谐关系达到营销的目的。

由于展会营销的特殊性，靠企业的力量很难独立完成，需要将内外部所有相关的行动者全部调动起来，积极为展会服务。

7.3.2 展览会整体营销

展览会整体营销是指会展核心企业将产业链上的其他企业(如展馆经营企业、展台设计企业、展台搭建企业、展品运输企业等)联合起来,并同时将其他相关行业的力量调动起来,共同开展营销工作。下面介绍几种常用的展览会整体营销方式。

(1) 集团式整体营销,是指若干会展企业联合组建的企业集团。

(2) 公司式整体营销,是指在产业内部成立一种专门为会议或展览会的营销工作提供有偿服务的企业。

(3) 项目式整体营销,是指不同的组展企业因为某个项目在承办城市、举办时间、目标顾客、目标市场、地理位置等方面有一定联系,或者因为在某些方面可以形成一定的互补,从而在营销工作上进行的单项联合。与集团式整体营销和公司式整体营销相比,项目式整体营销最为灵活,操作最为便利,还可以作为公司式整体营销和集团式整体营销的前期实验和必要过渡。

(4) 旅游业整体营销。在会展经济发达的国家,会议业和展览业是两个独立的行业,会议业往往和旅游业归并在一起,统一管理、统一宣传促销。在我国,会议业和展览业归在一起。这样,会议业无形中就成为展览业和旅游业的一个中介,并以自身的整体营销实践为展览业和旅游业提供经验、做出示范。

案例 7-6

赤峰旅游推介会

为进一步加大赤峰旅游宣传推介力度,全面对接北京旅游客源市场,赤峰市于 2012 年 4 月 18 日在北京、承德举办了旅游推介会。

这次旅游推介团由赤峰旅游企业组织召集,赤峰市旅游局积极联络并参加石林、青山、黄岗梁、西拉沐沦河、白音敖包等景区的推介,赤峰顺达旅行社、赤峰阿斯哈图旅行社分别进行了精品线路的推介。

在北京西城区的推介会上,来自两百余家旅行社负责人认真听取了赤峰旅游资源的介绍,并观看了推介会上旅游幻灯片的展示;推介会还邀请了网络新闻媒体参加。会上北京市西城旅游委员会副主任进行了当地旅游资源的介绍,并对此次推介会给予了高度评价。赤峰市旅游局副局长对出席本次旅游推介会的领导与旅游企业表示了感谢,并分别从赤峰的历史文化、自然景观等角度对赤峰市的旅游资源进行了全面介绍,并邀请北京客人游"梦里草原",赏"神奇赤峰"。

推介会上进行了抽奖,奖品有三特旅业公司的石林和青山景区提供的门票及白音敖包景区提供的漂流票。

参加推介的赤峰顺达旅行社、赤峰阿斯哈图旅行社向到会同行介绍了北京方向到赤峰深度游的几条线路,会后进行了答谢晚宴。

这次推介会与上次推介会相比,参加人数更多,推介内容更加丰富。这次推介无疑会对赤峰市的旅游市场产生更大的影响,对今后的赤峰旅游行业的发展更具有现实的指导意义。

(资料来源:http://www.cfly.net/static/topic/2012-4-23-cflytj-bjzt/)

(5) 同行业合作整体营销,是指借助行业组织(如行业学会、协会、联盟、研究会等)联合开展营销活动。积极争取国际组织的支持,如国际大会、会议协会、国际博览会联盟(UFI)、国际展览管理协会(IAEM)等。

【拓展文本】

(6) 国际合作整体营销,是指我国会展核心企业与国外同行的某些企业联合,赢得营销支持。联合方式多种多样,如资本合作、资源合作、全面合作、项目合作、短期合作、长期合作等。

(7) 积极寻求政府支持。市场经济的发展离不开政府的适度干预和调控,尤其在我国社会主义初级阶段,政府在经济活动中扮演着更加重要的角色,它一方面是政策的制定者;另一方面又是公众利益的代表和监督者。取得当地政府的支持和帮助,不仅能创造出良好宽松的发展环境,而且能树立公司良好的社会形象,增强公众信心。

(8) 与媒体合作营销。我们正步入一个高信息量时代,各种信息往来频繁。而作为信息传播手段的各种媒体,如广播、报刊、电视等无疑在经济生活和社会发展中起着越来越重要的作用,它们是公众和社会各界表达意愿、获取信息的主要渠道,并具有传播速度快、覆盖面广的特点。对于企业而言,传播媒体犹如一把"双刃剑",运用得好就掌握了有利于舆论导向的有力工具,用不好则可能在瞬间损毁企业形象。

【拓展文本】

 展会营销案例

观众及参展商忠诚度

UFI 下设的市场营销委员会从 2001 年开始组织年度 UFI 市场营销奖"UFI Marketing Award"评选,旨在进一步提高和促进国际展览业的营销水平,鼓励展览营销创新。从 2006 年开始,该项评选向非 UFI 会员开放。

"最佳展商/观众忠诚度项目"(Best Visitor/Exhibitor Loyalty Programme)是该评选的首届主题,从项目的完整性、创新性和执行效率角度考虑,2001 年度"UFI 市场营销奖"颁发给了德国纽伦堡国际玩具博览会。

在"享受,在玩具展会城市"(Enjoy Toy Fair City)的主题下,纽伦堡市为所有参加玩具博览会的观众提供了从购物到餐饮、从夜生活到文化活动等一系列丰富多彩的展会旅游项目。

2007 年,展会主办者为该项活动专门制作了手册,手册竟然有 56 页之多,所提供的活动和项目的丰富程度可见一斑。

为了给玩具博览会的观众在展会期间提供周到的城市服务并且营造祥和的气氛,纽伦堡市各界鼎力支持各项活动的筹备,尤其是纽伦堡工商业联合会,纽伦堡市政府,纽伦堡市酒店业联合会、餐饮业协会联合开展的城市营销活动充分实现了"享受,在玩具展会城市"主题的初衷。

1. 门票在手,增值服务多多

(1) 持有效的展会门票可以乘坐纽伦堡市区范围内的任意公共交通工具。

(2) 持有效展会门票,在展会期间,可以在购物、文化和旅游等各项活动中享受特殊的优惠。

(3) 展会期间,在纽伦堡老城区开辟临时的纽伦堡市特产专柜,持有效门票的观众在此处可以以 20%的折扣享受纽伦堡当地特产,如纽伦堡小香肠、啤酒、各类蛋糕和葡萄酒等。

2. 全民参与

纽伦堡市各界都在展会的主题下联合起来共同筹备各项活动,不仅是展览公司,甚至酒店经理、出租车司机、媒体记者以至于全市人民都积极地参与到玩具博览会的筹备和服务中来。

3. 积极开展全球推广

使用 17 种语言向全世界的玩具行业人士邮寄展会材料,在 14 个国家举行 16 场新闻发布会。

4. 营造气氛,提升形象

从各项专门为展会开发的促销活动到各类优惠措施,以至展会举办期间每天晚上的城市焰火无不给人以"享受,在玩具展会城市"的切身感受,这些举措无疑在增加展会相关收入的同时进一步增强了纽伦堡国际玩具博览会参与者的忠诚度,在此基础上,提升了纽伦堡国际玩具博览会及举办地——纽伦堡市的形象和知名度。

城堡上都飘扬着玩具博览会的旗帜,可谓旅游与展会互动的最佳体现。

(资料来源:http://blog.sina.com.cn/s/blog_4ced55f601000boc.html)

7.4 展览会的营销过程

7.4.1 展览会营销的过程

按照 20 世纪 50 年代中期基本定型的市场营销观念、菲利普·科特勒 1986 年提出来的市场营销战略组合和 1994 年提出来的"顾客让渡价值"新概念等先进的营销理论,可以确定展览会的营销过程是一个首尾贯穿的过程,即全程营销。

按照公共关系的四步工作法,可以将展览会的全程营销划分为调查、策划、实施和评估四个阶段。按照主要目标,可以将展览会的全程营销划分为招展招商、务展务商和守展守商三个阶段。按照中国人的传统经验和时间概念,则喜欢把展览会的全程营销划分为前期、当期和后期三个阶段。

1. 展览会的前期营销

1) 规划论证与申请立项阶段

(1) 市场调研与预测。运用各种定性与定量分析的方法，对展览市场进行调查研究。重点是预测目前和未来的需求及其前景，分析营销环境，研究购买行为，分析竞争对手，分析自身优势与不足，为决策提供详细、准确和新鲜的信息情报。

(2) 目标市场选择与定位。重点是市场细分、市场机会预测、目标市场选择、展会类型与主题确定、市场定位等。一般情况下主办者要根据本地或本区域的经济结构、产业结构、地理位置、交通状况和展览设施条件等特点，首先考虑本区域的优势产业和主导产业，其次考虑重点发展中的行业，最后考虑政府扶持的行业。

【拓展视频】

(3) 可行性研究与立项申请。展览会项目上马前，应该做市场调研，对其进行前期定位。首先，从地方产业环境、市场条件看，这个项目能不能办。其次，从该展览会项目对当地产业的指导意义如何着手进行分析。进行市场分析之后，才能正确地开展招展和招商工作，才能把招展和招商工作做好。

2) 项目启动阶段

(1) 制订营销计划。展览会的市场营销计划一般应包括以下内容：营销现状分析、营销目标、营销组合策略、行动方案及营销费用预算、营销计划的执行与控制。

(2) 设计和建设营销网络。首先，寻求支持单位。寻求对口的主管部门和单位是展览会成功的关键环节，其目标包括行业的政府主管部门、行业的权威协会、具有广泛影响力的行业媒体等。其次，寻求合作单位。寻求的目标包括专业性、大众性、权威性的媒体支持单位，当地行业协会、主办单位的分支机构、行业权威机构、办展机构(公司)等合作招展(组团)单位。这样能提高展览会的影响力，加快信息的有效快速传递；借助这些资源，可以实现优势互补，加快资源整合，最大限度挖掘新客户，壮大参展队伍，最大限度地降低招展成本。

3) 项目运作阶段

(1) 设计与制作宣传资料。宣传资料是客户了解展览会的第一步。需要根据展览会类别和传播对象类别进行展览会资料的设计制作。在设计过程中要考虑展览会各个阶段和不同任务的需求，制作相应宣传资料。这也是展览会过程中最大的消耗品。

(2) 实施前期营销计划，如开展推介活动、发布广告、举办新闻发布会、海外推广、网络推广、项目招展、项目招商、专业观众组织、贵宾邀请、赠票计划、配对服务等。

2. 展览会的当期营销

1) 实施当期营销计划

(1) 门票销售。大型综合性展览会因为包含对公众开放消费性质的展览，门票销售是重要的收入来源。门票的销售也是其营销环节的关键一环。一般来说，为吸引更多的参观者，经营者往往需要利用大众媒体进行一定的宣传。同时还可围绕门票本身进行一定形式的营销，如做成纪念封形式、配合专门的纪念邮戳作为可收藏的纪念品、将门票编号进行抽奖、在特定展位获得礼品等形式。

(2) 现场接待和服务。现场是展览会营销的重要窗口。经营者要精心组织和安排办卡、报到、入场、引导、金融、邮政、翻译、安保、保洁、快餐、茶点等现场接待工作，让参展商和采购商满意，并产生口碑营销的效果。对首要公众和重要嘉宾则应提供相应的特殊服务。

(3) 促进洽谈。展览会开始之后，商务配对工作必须继续。需要借助各种现代化的报到系统和入场统计系统，对到场的采购商进行动态管理。例如，及时发现已有安排而没有如约到场的采购商，及时发现预先没有登记却已到场的采购商，并马上协调参观路线和洽谈时间，尽力把商务配对工作做得更好。

(4) 资料分送。这也是一项非常重要的工作，方便快捷无差错地分送是基本要求。注意要把下一届展览会的宣传材料同时送出。还要控制一般参观者凑热闹式的领取和随意丢弃，以维护展览会形象并提高宣传资料的利用率。

2) 修正和完善营销计划

(1) 调整修正实施方案。一项市场营销计划，无论制订得多么周密，总免不了与实际情况存在着差异；同时，随着时间的推移及环境的变化，实施过程中总会遇到一些新情况，这就要求营销人员随时调整实施方案、程序方法和策略等。这就是营销计划实施的动态性。

(2) 创新完善实施方案。营销计划实施过程中具体条件难以预料和控制，因此，实施过程不是简单地照章办事的过程。实施人员应根据整个方案的目标和原则，充分发挥自己的积极性、主动性和创造性，不断地对原计划进行艺术的丰富和再创造，不断发现和创造新的营销机会并有所作为，使之更加完善。

3) 下届展览会的宣传和展位预订

(1) 发放相关资料。借本届展览会宣传下届展览会、发放相关资料，是多数展览会经营方都会采用的策略。这样做，可以降低下届展览会邮寄分销的成本，提高资料到达率和阅读率。

(2) 展位预订。与发放下届展览会的宣传资料相比，借本届展览会预订下届展览会的展位则是效率更高的营销业绩。例如，2006年的中国义乌国际小商品博览会(以下简称义博会)还没有结束，现场预订2007年义博会的展位就达到了2 000个。组委会工作人员介绍，这意味着一半的展位已经预订出去了。虽然这种营销效率与展览会的质量直接挂钩，但是，所有的展览会都可以在强化服务及提高水准的同时采用这种营销手段。

3．展览会的后期营销

1) 总结评估

(1) 评估内容。展览会营销质量评估包括营销工作目标评估、展览宣传工作评估、营销人员评估、营销财务评估等。展览会营销效率评估包括展位类型评估、营销组团评估、营销代理评估、营销策略评估等。展览会营销成本评估包括营销成本效益比较评估、营销成本利润评估、营销成本项目评估、营销成本风险评估等。

(2) 评估步骤和方法。评估步骤包括收集相关的评估信息、成立营销评估工作小组、进行评估工作、总结评估工作。评估方法为定量评估与定性评估相结合。评估过程中能使用数字表达的营销工作及效果的项目，应尽量用定量的方法进行评估。

(3) 撰写营销评估报告。报告的内容包括评估结果、结论和建议。一般来说，评估结果中应包含展览会营销效果、宣传推广费用、成本效益比等。要用简洁明晰的语言做出结论。

针对结论，提出如何处理已存在的问题、可以采取哪些措施以获得更好的效果。

2）展后宣传

（1）展后宣传的重要性。与展前宣传相比，很多经营者不重视展后宣传。其实，展览之后的宣传不仅仅是回顾性和跟踪性的报道，更是展览会整体宣传和全程营销的重要组成部分，不可或缺。展览之后的宣传可以获得比较突出的宣传效果，强化客户的印象。

（2）宣传方法。正常情况下，展览会上的全部新闻稿要提供给合作媒体。如果展出效果较好，则可以举行记者招待会或新闻发布会，将各种统计数据(如参观人数、专业含量、平均参观时间、展位布局、成交额、展商和观众的反馈意见等)提供给新闻界。其次是发布下届展览会的主要信息。

【拓展视频】

3）信息反馈与收集

（1）资料收集整理。在展览会结束后，要安排专人对所有收集到的专业观众资料、论坛资料、参展商资料进行整理，还包括展览会总结资料中可以公开的部分。

（2）资料制作分送。可以将所有的资料刻录成光盘，分别寄给参展单位和采购单位。也可以编辑成文字资料，通过电邮、传真等方式发送。这项工作比较烦琐，但是对于下一届展览会将有很大的帮助。

（3）收集客户意见。向参展商和采购商分送资料的同时，建议附上展后意见调查表或征询表等，了解他们的满意程度，并根据反馈意见进行改进。在国内，这项服务似乎仍被忽略，应引起高度重视。

4）展后关系维系和发展

（1）致谢。这是最通行的做法。展览会结束后，由组织者向参展商、采购商及提供帮助的单位和人员致谢。方法有信函致谢、电话致谢、登门致谢、宴请致谢、礼物致谢等。

（2）拜访与面谈。展览会闭幕之后和离开展出地之前，应抓紧时间访问关键客户或安排一些重要的面谈。这就是所谓的"展会期间做数量，展会之后做质量"。

【拓展文本】

（3）发展客户关系。发展客户关系是不可间断的工作。包括巩固现有客户的关系和发展潜在客户的关系。不断加深与客户的相互了解，建立相互信任关系，将认识关系发展成伙伴关系和业务关系。

5）更新客户名单

客户是展览会生存发展的生命线。所以，展览会结束以后，要马上更新客户名单，并根据名单的变化，分析、发现和调整对客户工作的方向和投入，调整宣传、广告、公关等营销工作的重点和投入，经过一段时间的积累，形成相对完整的客户信息库。这将是公司宝贵的财富。

6）宣传推广新展览会

以上工作完成之后，就可以乘着东风，全面启动下一届展览会的宣传推广。这样，展览会的营销工作就能够前后衔接、周而复始，形成良性循环。

展览会展前、展中、展后的工作过程，不仅体现了高度的计划性、连贯性、节奏性和规范性，还体现了较高的艺术性。展览会的营销人员必须按照这样的步骤，运用科学的理论和有效的方法处理和解决各种营销问题。

知识拓展

微 博 营 销

微博营销以微博作为营销平台,每一个听众(粉丝)都是潜在营销对象,每个企业利用自己的微型博客向网友传递企业、产品的信息,树立良好的企业形象和产品形象。企业通过每天更新的内容就可以实现与听众的交流,以达到营销的目的。

"以客户为中心的精准营销和主动式服务营销,在正确的时间把正确的信息传递给正确的人。"这是天桥骄子国际传媒有限公司所提倡的正确的微博营销理念,也将引领微博精准化营销的发展。企业微博营销一个很关键的原则就是"一切围绕客户"。

企业可以在客户不同的消费阶段与客户进行互动,并逐步建立情感关系。在消费者认知阶段,可以主动发现潜在客户的需求,帮助消费者了解品牌和产品的基本功能;在消费者购买阶段,可以有针对性地回答客户咨询,促进购买决策的达成;在消费者使用阶段,通过贴心的互动使客户有更好的体验;最后要倾听客户对产品的评价和使用体验,并给予关注和奖励,促使客户更有动力向身边的朋友推荐。

1. 微博营销的特点

(1) 立体化。微博营销可以借助先进的多媒体技术手段,通过文字、图片、视频等展现形式对产品进行描述,从而使潜在消费者更形象直接地接受信息。

(2) 高速度。微博最显著的特征就是传播迅速。一条关注度较高的微博在互联网及与之关联的手机 WAP 平台上发出后短时间内互动性转发就可以抵达微博世界的每一个角落。

(3) 便捷性。微博营销优于传统推广,无须严格审批,从而节约了大量的时间和成本。

(4) 广泛性。通过粉丝形式进行病毒式传播,同时名人效应能使事件传播呈几何级放大。

2. 微博营销的目的(效果)

(1) 有效实现品牌建立和传播。

(2) 树立行业影响力和号召力,引导行业良性发展,传播企业价值观。

(3) 产品曝光和市场推广。

(4) 发现目标客户,精准互动营销,完成客户转化和订单销售,全面分析营销效果。

(5) 无处不在的主动客服,服务真实客户。

(6) 企业的口碑实时监测,确保危机公关。

3. 微博营销的商业价值

数据显示,Twitter 上每天有 102 322 个问题提出,66% 的内容与商业有关。绝大部分问题是对产品的建议、意见及对产品技术支持的咨询等。与普通粉丝的回答相比,80% 受访者更相信企业账号的答案;超过 60%的提问者会因为企业账号的回答而去关注这个企业,甚至进行购买。

4. 微博营销十大技巧

1) 注重价值的传递

企业博客经营者首先要改变观念——正确划分企业微博的"索取"与"给予"角色。企业微博是一个给予平台。现在微博数以亿计,只有那些能对浏览者创造价值的微博自身才有价值,此时企业微博才可能达到期望的商业目的。企业只有认清了这个因果关系，才可能从企业微博中受益。

2) 注重微博个性化

微博的特点是"关系""互动"，因此，虽然是企业微博，但也切忌仅是把微博当成简单发布官方消息的窗口。要使人感觉它像一个人，有感情，有思考，有回应，有自己的特点与个性。

如果浏览者觉得某企业的微博和其他微博差不多，或是其他微博可以取代该微博，这个微博就是不成功的。这和品牌与商品的定位一样，必须塑造个性。有个性的微博具有很高的黏性，具有不可替代性和独特的魅力可以持续积累粉丝与关注。

3) 注重发布的连续性

微博就像一本随时更新的电子杂志，要注重定时、定量、定向发布内容，使关注者养成浏览习惯。企业微博应该更新得频繁一些。

4) 注重互动性加强

微博的魅力在于互动，互动性是使微博持续发展的关键。第一个应该注意的问题就是，企业宣传信息不能超过微博信息的 10%，最佳比例是 3%～5%。更多的信息应该融入粉丝感兴趣的内容之中。

"活动＋奖品＋关注＋评论＋转发"是目前微博互动的主要方式，但实质上，更多的人是在关注奖品，对企业的实际宣传内容并不关心。相较赠送奖品，企业微博账号能认真回复留言，用心感受粉丝的思想，才能换取情感的认同。如果情感与"利益"(奖品)共存，那就更完美了。

5) 注重系统性布局

任何营销活动，想要取得持续而巨大的成功，都不能脱离了系统性，单纯当做一个点子来运作，很难持续取得成功。微博营销虽然看起来很简单，但对大多数企业来说效果很有限，所以被很多企业当作可有可无的网络营销方式。其实，微博是一种全新形态的互动形式，它的潜力巨大，发挥出的作用很小的原因是本身投入的精力与重视程度不高。

企业想要通过微博获取更大的效果就要将其纳入整体营销规划中来，这样微博才有机会发挥更多作用。

6) 注重准确的定位

微博粉丝众多固然好，但是，对于企业微博来说，粉丝质量更重要。因为企业微博最终的商业价值或许就需要这些有价值的粉丝。这涉及微博定位的问题，很多企业抱怨："微博粉丝都过万了，可转载、留言的人很少，宣传效果不明显。"这其中一个很重要的原因就是定位不准确。企业微博应围绕一些本企业产品目标顾客的关注点来发布信息，吸引目标顾客的关注，而非是只考虑吸引眼球，导致吸引来的都不是潜在消费群体。现在很多企业微博陷入了盲目吸引粉丝的误区，忽视了粉丝是否是目标消费群体这个重要问题。

7) 企业微博专业化

企业微博定位专一很重要，但是专业更重要。同场竞技，只有专业才可能超越对手，持续吸引关注目光，专业是一个企业微博重要的竞争力指标。

微博不是企业的装饰品，如果不能做到专业，只是流于平庸，倒不如不去建设企业微博，因为作为一个"零距离"接触的交流平台，负面的信息与不良的用户体验很容易迅速传播开，并为企业带来不利的影响。

8) 注重控制的有效性

微博不会飞,但是传播速度却快得惊人,当极高的传播速度结合传递规模,所创造出惊人的力量有可能是正面的,也可能是负面的。因此,必须有效管控企业微博这把双刃剑。

9) 注重方法与技巧

企业开设微博不是为了消遣娱乐,为企业创造价值是企业微博的责任。

要把企业微博办得有声有色,持续发展,单纯在内容上传递价值还不够,必须讲求一些技巧与方法。例如,微博话题的设定与表达方法就很重要。如果微博是提问性的或是带有悬念的,可以引导粉丝思考与参与,那么浏览和回复的人自然就多,也容易给人留下印象。如果发表一则新闻稿件,粉丝则很难参与。

10) 注重模式创新

微博作为新生事物,在全球范围内商业化的时间很短,加之其自身具有非常高的扩展性,使得微博营销的模式具有很大的探索空间。抓住机会,有效创新,就可以从中轻松获益。虽然微博营销诞生不久,但有一些企业已经走在了前面,尤其美国一些企业已经取得了较为显著的成效,我国企业应该多参考借鉴这些成功案例,结合企业自身特点与客观环境进行创新。

5. 微博营销的缺点

(1) 需要有足够的粉丝才能达到传播的效果,人气是微博营销的基础。应该说在没有任何知名度和人气的情况下通过微博进行营销是很难的。

(2) 由于微博中新内容产生的速度太快,所以如果发布的信息没有被粉丝关注,那就很可能被埋没在海量的信息中。

(3) 传播力有限。由于一条微博只有几十个字,其信息仅限于在信息所在平台传播,很难像博客那样被大量转载。同时由于微博缺乏足够的趣味性和娱乐性,所以一条信息也很难被大量转载(除非是极具影响力的名人或机构发布的微博)。

7.4.2 展览会营销的注意事项

面对纷至沓来的展会邀请,企业对是否参加展会、参展能给企业带来哪些利益、该如何充分利用会展传播企业的信息、如何与强大的对手同台竞争等一系列问题都心存疑惑。这就涉及如何真正让展会发挥作用。

对展会营销策划,企业中一般存在着两种截然不同的观点与做法:有的企业,包括国内一些知名的大型企业,仍无法脱离粗放式的营销管理,常常仓促应战,展会营销工作缺乏针对性,组织策划尚停留在模仿阶段,缺乏对自身品牌独特的风格、独特的销售主张等方面的深入研发与创新;有的企业则在展会参加前比较早的时间内就制订了严密甚至苛刻的营销计划指导其工作的开展,但在大多数情况下,原计划工作与展会的实际情况、消费需求、社会潮流脱节,因而展会所产生的效果也就大打折扣。展会营销没有发挥应有作用的原因主要集中在以下几个方面。

(1) 缺乏科学有效的营销工作规划。面对名目繁多的展会,没能选对适时、适度与企业营销计划相匹配的展会,盲目参展。

(2) 缺乏战略性的规划，仅仅将展会营销的工作作为一种事务性工作对待，为了参展而参展。参展商对参展的最终目的是什么，展会上要向谁传播哪些信息，如何吸引目标观众，如何胜出对手的传播，没有详细的计划与考虑，所以展会效果没有预想的好，最终使参加展会的人对展会失去信心。

(3) 在组织策划展会的过程中，企业内部决策管理层与执行层之间、企业与外协单位之间缺乏良好的沟通，造成各自对展会策划组织方式、目的存在理解上的偏差。例如，企业欲推广的产品、品牌文化与展台搭建的风格、活动组织的方式脱节。

(4) 在制定预算的同时高估了展会效果的回报，造成展会投入与产出比例的不协调。近来国内展会出现了一种倾向展台搭建、活动组织一味求大、求豪华，而忽略展会活动本身的表现效果。

反观展会营销工作做得比较出色的企业，有以下几个方面共性存在。

(1) 根据公司的发展规划及营销目标，对企业的优势资源(产品、信息、技术、服务)或需求进行分析，之后甄选出适时对路的展会推广方式，最后再从策划的角度考虑如何利用资源出奇制胜。例如，在第 12 届中国国际服装服饰博览会上，柒牌集团便通过这一方式，取得了巨大的成果。柒牌集团 2003 年下半年结合品牌自身的文化诉求研发出"中华立领"系列创新产品，并对其他已有的产品进行了文化延伸，实现了中国传统文化精髓与时尚的完美融合。同时，为了让更多的人了解具有中国传统文化的全新柒牌，在制订营销推广计划时，柒牌集团选择了亚洲最大规模的中国国际服装服饰博览会作为推广媒介。在考虑如何从强大的竞争队伍(欧洲展团、温州展团)中脱颖而出，如何吸引目标受众时，柒牌集团颠覆历届参展企业运用的手法——规模大、风格欧化，选择了位置较好但面积并不大的展位，打出了"时尚中华"的主题，在品牌推广、品牌美誉度提升、招商等方面，均取得了非常不错的效果，真正做到了花小钱，办大事。

(2) 制订展会计划和实施组织工作要有弹性，包括对未来变化与竞争的思考，有必要的反馈与调整机制。

(3) 展会组织应有严格的流程与职责分工，并有专人负责项目，强调企业内部的协调及企业与外协单位的协调。经常听到一些企业主这样抱怨："本来的想法是这样的，可外协公司给我的展位及活动方案却与品牌及产品脱节，而更改方案则由于时间的紧迫而变得不可能。"部分企业内部组织很松散，以致展会上该收集的信息没有收集，该做的推广没有做好。

总的来说，展览会营销是一项较为复杂的工程，必须要有周密且对路的计划、出奇制胜的推广模式、科学的分工、严谨的执行方能使展会营销真正发挥作用。

案例 7-7

励展博览集团的全球化思维与本土化操作

励展博览集团是国内首屈一指的展览和会议主办机构，拥有七家成员公司：励展中国公司、国药励展展览有限责任公司、励展华博展览(深圳)有限公司、北京励展华群展览有限公司、上海励欣展览有限公司、北京励展光合展览有限公司和励展华百展览(北京)有限公司。

并购策略是中国式发展路径。近年来，中国的展览发展迅速，外资机构大量涌入中国，国际上的大型展览公司几乎全部入驻中国，将中国展览市场进行了一次次彻底的洗牌，这使得北京、上海、重庆、广州、成都、深圳成为展览资本扩张的重要场所，展览公司在这些地方轮番的并购，建立行业主导展会。深挖、深挖、再深挖，成为外资会展企业中国式发展的主要路径。

励展博览集团大中华区总裁陈汉文表示："励展中国所有的展会都是通过与本土的合伙人一起开展的，经过多年的磨合，目前各合资公司都取得了令人瞩目的发展，充分证明了合作策略的正确性。励展博览集团随时与本土的合作者分享知识及实践经验。每个合作伙伴都贡献出了大量的资源，使得我们的合作变得非常强大。"

"励展中国主要关注的是如何创造高效的运营协同效应，以及如何与作为各自领域的专家的合伙代理人建立长期、富有前景的合作伙伴关系。如果说运营效率和创新市场营销解决方案对励展博览集团的发展至关重要，那么，与充满活力的合资企业和具有影响力的贸易机构进行战略性合作同样至关重要。"陈汉文坚信励展博览集团的合资并购式发展策略。

打造中国百货内贸第一展。励展华博展览(深圳)有限公司和中百会展(北京)股份有限公司已于8月2~4日在上海新国际博览中心就其首届项目进行了合作，该项目为第106届中国日用百货商品交易会暨中国现代家庭用品博览会(以下简称第106届百货会)。该展会预计成为今年中国规模最大的百货商品和家庭日用品展览会，这也将会是中国百货会历史上又一个具有里程碑意义的盛会。

同时担任中国百货商业协会会长与励展华百展览(北京)有限公司总经理的楚修齐此前任中百会展(北京)股份有限公司董事长兼总经理职务。经过多年努力，他率领的展会团队把百货会打造成为当今中国历史最久、层次最高、规模最大、参展采购商最多、成交效果最好、信誉度最佳的大型博览盛会。

励展博览集团也正是看上了百货会此前优秀的基因，而楚修齐对这次合作也持乐观态度，他表示："与中国礼品行业最大的展会主办机构励展华博展览(深圳)有限公司携手合作，能帮助我们更好地服务顾客，输送更多的高质量产品，并确保展会参与者获得更大的市场投资回报。"

"合资后的第106届百货会有很多亮点，如新产品推介区、大型商厦、超市进场采购商务洽谈厅、名优企业彰显榜、提升品牌含金量的LOGO墙展示区、系列主题论坛活动等，在注入新亮点的同时，我们更加注重参展企业品牌价值，注重提升品牌含金量，注重最佳时间最佳地点提高企业品牌的知名度和影响力。并且以参展商和采购商的需求为中心，组织更多采购能力强的专业特邀买家与参会企业进行商务面洽、对接互动，实现双赢。今后我们将更加努力地开创展会运营新思路、新起点、新局面。"楚修齐对百货会的未来充满信心。

时刻准备寻找合适的伙伴。合作关系是励展博览集团在中国发展的诀窍之一，体现了励展博览集团"全球思维，立足本土"的经营理念，也是公司保持竞争力的途径。每个合资公司合伙人都是独立的，都拥有自身资源与网络以服务于所经营的行业。同时，这些公司也受益于励展博览集团的国际资源与支援项目，如国际推广计划。励展博览集团随时与本土的合作者分享知识及实践经验。

励展博览集团中国区副总裁刘国良透露："励展博览集团在中国所有的展会都是通过与本土的合伙人一起开展的。近几年来通过与本土企业成立合资公司，励展博览集团在中国取得了快速的发展，事实证明这个发展策略是正确而十分有效的。因此，在未来 2~3 年内，我们将继续加大合资与并购的计划，与更多本土的行业领军企业合作成立合资公司，共推中国会展业的发展。"

"未来，励展博览集团仍会积极根据当地市场需求引入适合中国市场的展会品牌，利用自身的国际品牌优势、销售诀窍、营销诀窍、营销专长、广泛的网络和行业知识，与中国当地政府和主要行业协会、媒体建立正式与非正式的联盟。无论是与合资公司一起开发新市场，还是与公开贸易机构合作主办重要的贸易展会，我们时刻都准备与合适的合作伙伴建立互惠联系。"

(资料来源：http://finance.qq.com/a/20120522/000473.htm)

思考与练习

（一）名词解释

DM 营销　活动促销策略　整体性营销

（二）填空题

1．展览会目标市场定位信息的传递应＿＿＿＿、＿＿＿＿、＿＿＿＿。
2．活动策划的关键有＿＿＿＿、＿＿＿＿、＿＿＿＿、＿＿＿＿、＿＿＿＿、＿＿＿＿和＿＿＿＿。
3．整体性营销方式有＿＿＿＿、＿＿＿＿、＿＿＿＿、＿＿＿＿、＿＿＿＿和＿＿＿＿。
4．信息反馈与收集包括＿＿＿＿、＿＿＿＿和＿＿＿＿。
5．展览会的工作过程体现了高度的＿＿＿＿、＿＿＿＿、＿＿＿＿、＿＿＿＿和＿＿＿＿。

（三）简答题

1．简述展览会营销过程。
2．简述电话营销的实施步骤。

（四）实训项目

1．搜集品牌展览会营销新方法，选择一个项目进行讲解。
　　实训目的：了解更多品牌展会营销方法；
　　　　　　掌握现代会展企业的营销新理念。

实训要求：小组合作完成；
　　　　　资料收集并整理成PPT进行讲解。
2．为提升某一展会知名度或观众参与度，设计一项活动或事件进行营销。
实训目的：了解所选展会基本资料；
　　　　　设计活动或事件。
实训要求：所设计的活动具有可实施性；
　　　　　对活动或事件的影响或意义进行讲解。
3．阅读材料

历时十天的第十三届中国(长春)国际汽车博览会于昨日圆满落下帷幕，本届展会总面积达到21万平方米，参展企业137家，参展车辆1 300台，观众累计达到68.4万人次，销售车辆29 432台，成交额达58.86亿元，新车及信息发布会达到百场，新能源、新智能汽车占12%，整体实现历史性突破。

国际性更加突出品牌魅力大放异彩

展台搭建国际化科技展示应用广泛

突破传统展示理念打造"双线车展"新模式

高标准服务工作展示和谐长春风采

如果你是汽博会的展位销售业务员，你将如何具体开展展位销售工作？

实训目的：了解、熟悉展位销售的方法，客户管理的方法，学会制定销售工作实施方案。
实训要求：提炼展会卖点，了解客户利益诉求。
　　　　　小组合作，运用电话营销模拟展位销售。
　　　　　小组合作，运用人员推销进行展位销售。

节事营销

Chapter 8

【学习目标】
- 了解节事与节事营销的相关基础知识
- 掌握节事营销品牌竞争的方法
- 学会开展节事营销的方法

【拓展案例】

第 26 届青岛国际啤酒节

青岛国际啤酒节始创于 1991 年,每年在青岛的黄金旅游季节 8 月的第二个周末开幕,为期 16 天。啤酒节由国家有关部委和青岛市人民政府共同主办,是融旅游、文化、体育、经贸于一体的国家级大型节庆活动。是亚洲的啤酒盛会。如今,啤酒节已经成为彰显青岛城市个性优势与魅力的盛大节日,以啤酒为媒介,展现了青岛啤酒公司和城市。

第 26 届青岛国际啤酒节将于 7 月 29 日晚在黄岛主会场的金沙滩啤酒广场盛大开幕。

智慧啤酒节:定位"科技+欢乐"

据了解,今年的啤酒节黄岛主会场定位为"智慧啤酒节",凸显"科技 + 欢乐",以"智能化、国际化、市场化、大众化"为目标要求,在智能化水平、国际化开放程度、文化活动内涵、空间景观布局、市场化运营水平、园区安全保障、惠民利民等各个方面均实现全面优化,力争打造一届更具特色、更具影响力、更加国际化的啤酒盛会。

大型实景秀震撼亮相

青岛首部大型实景秀——《梦筑琅琊》,在啤酒节期间将震撼亮相,并填补青岛文化旅游领域的一项空白。《筑梦琅琊》以临海的山体为核心,围绕青岛以及西海岸,描述贯通古今的奇幻情景,通过高科技视频、灯光、威亚、实景技术等艺术形式,再现姜尚封齐、琅琊筑台、海上丝路、璀璨青岛等波澜壮阔的历史画卷。真山真水的实景演出,大海与星空的交汇融合,光影与音乐的艺术呈现,将带给观众强烈的视觉冲击和震撼心灵的观演体验。

国际品牌组团"来袭"

国外品牌啤酒厂商直接组团参节,啤酒节黄岛主会场将更加"国际范儿"。啤酒节引入的德国啤酒品牌,是世界第一大啤酒节——慕尼黑啤酒节的固定参会企业;澳洲的艺穗节组委会专门组织国内啤酒企业集体参节;作为青岛的友好城市,韩国大邱也将带来地道的"啤酒+炸鸡"组合。这些国外企业不仅带来国际知名品牌啤酒,还将带来极具特色的文化表演和独具风味的特色美食。一场啤酒的盛宴,多国文化的呈现。游客只要置身啤酒节,就可体验不同的异域风情。

新规划建设的啤酒文化博物馆将成为啤酒节的新景观。这个按照德国巴伐利亚小镇建筑风格设计建造啤酒文化博物馆,总建筑面积近万平方米,包括文化展示、历史回顾、实物展览、精酿体验、娱乐体验、啤酒吧等多个功能区。借助现代化信息手段,游客可互动体验,了解啤酒发展历史,感受世界啤酒文化的魅力。

星光大道打造梦幻不夜城

璀璨的星光大道,是众多游客对去年啤酒节黄岛主会场的经典记忆。今年的啤酒节将更加"梦幻",星光大道新增"如意海水纹"设计,形成穿越光影时空隧道的新景观;新规划建设的海韵大道,通过大型啤酒瓶列阵、啤酒花喷洒和声光电配合,形成全新景观大道。海韵大道与星光大道纵横交织，相互辉映，效果更加震撼。整个啤酒广场，与周边楼宇、街道、绿化带融为一体，将为游客呈现一个既具有海岸风情，又充满浪漫色彩的梦幻不夜城。

据介绍，今年的啤酒节黄岛主会场，将继续实行优惠门票。除 7 月 29 日晚开幕式门票外，其余时间门票价格为：白天票 10 元(入园时间上午 10 点至下午 15 点)，晚间票 20 元(入园时间下午 15 点至晚上 22 点)。同时，推出"一票畅通"政策，游客仅需购买一张入园门票，即可观看大型实景秀、参观啤酒文化博物馆。为方便东海岸市民参节，推行凭胶州湾隧道、胶州湾大桥当日通行票实时兑换一张啤酒节门票的政策(兑换时需携带车辆行驶证)，将啤酒节真正打造成全城欢动的市民狂欢节。

8.1 节事营销的特点及现状

8.1.1 节事与节事营销

1．节事

从概念上看，节事是节庆、事件等精心策划的各种活动的简称，其形式包括精心策划和举办的某个特定的仪式、演讲、表演和节庆活动，各种节假日、传统节日及在新时期创新的各种节日和事件活动。

2．节事营销

节事营销有两层含义：一是节事是一种很好的营销载体；二是节事本身需要推广营销。

节事本身就是一种十分有效的营销方式，具有很强的营销城市、营销国家的功能。节事也可以用于营销特色产业或产品及营销企业。例如，大连服装节是以服装产业为依托向世界介绍大连；而 2008 年北京奥运会、2010 年上海世界博览会则可以看作是中国走向世界的整体营销。

8.1.2 节事活动的内涵

可从节事活动的目的、内容、形式、功能和实质等方面来解释节事活动的内涵。

节事活动的举办是为了达到节日庆祝、文化娱乐和市场营销的目的，提高举办地的知名度和美誉度，树立举办地的良好形象，促进当地旅游业的发展，并以此带动区域经济的发展。

节事活动从内容上看应具有浓郁的文化韵味和地方特色，根据当地的文化和传统特色来具体设计。

节事活动从举办的形式上看要求生动活泼，具有亲和力，大多数的参与者都想通过这一活动达到休闲和娱乐的目的。节事活动要求编排严谨、环环相扣、切合主题。

节事活动不仅是一种文化现象，更是一种经济载体。节事活动应围绕经济活动的开展而做适当的调整。其实质是商业活动，举办期间大量的人流不仅使服务性行业收入迅速增长，还会促进交通、贸易、金融、通信等行业的发展。

8.1.3 节事活动的特征与节事营销的特点

1．节事活动的特征

(1) 文化性。节事活动本身就是文化活动，这些以民族文化、地域文化、节日文化和体育文化等为主导的节事活动往往具有极浓的文化气息。

(2) 地域性。节事活动都是在某一地域开展的，都带有明显的地域性，可成为目的地的形象的指代物。有些节事活动已经成为地域的名片，而少数民族节日更是独具地方特色。

(3) 时效性。每一项节事活动都有季节和时间的限制，都是按照预先计划好的时间规程开展和进行的。

(4) 多样性。节事活动的内涵非常广泛，其开展形式可多元化，开展内容可丰富多彩。

(5) 交融性。节事活动的多样性和大众参与性决定了其必然有强烈的交融性，许多节事活动都包含会展活动，从而成为带动当地经济发展的引擎。

(6) 个性化。举办地必须有特别出色的节事活动产品供参与者和旅游者挑选，否则一般很难成功。

2．节事营销特点

节事活动的主题与口号非常重要；其活动参与者非常广泛；节事营销手法的创意性很广；营销手段具有综合性。

8.1.4 节事活动的意义

节事活动具有强大的产业联动效应，可使旅游者在停留期间具有较多的参与机会。它不仅能给城市带来场租费、搭建费、广告费、运输费等直接的收入，还能创造住宿、餐饮、通信、购物、贸易等相关的收入。

【拓展案例】

更重要的是，节事活动能汇聚更大的客源流、信息流、技术流、商品流和人才流，对一个城市或地区的经济和社会进步产生促进作用。

节事活动除了具有提升举办国和城市知名度及美誉度、扩大信息交流、增强对外合作、推动旅游发展、加快城市建设、促进地方经济发展等作用以外，还具有丰富人民精神生活、弘扬民族文化、扩大旅游市场、提升目的地旅游形象、降低目的地旅游季节性、调整旅游资源及提高管理水平等特殊作用。

8.1.5 节事活动的现状和存在的问题

我国节事活动已经步入相对成熟的阶段。首先，表现在主题上，节事活动的主题已经越来越丰富，如有以"文化"为主题的，有以"宗教"为主题的，有以"风景特色"为主题的，还有以"特色农业、民俗"为主题的等，呈现出主题、功能综合化的发展趋势。其次，节事活动的规模和影响也越来越大，特别是 2008 年北京奥运会和 2010 年上海世界博览会的成功举办，把节事活动的规模和影响推向了一个顶峰。最后，节事活动"以节招商，文化搭台、经济唱戏"的操作模式，推介了具有地方特色的旅游资源和产品，塑造了城市整体形象，促进了经济和社会事业的加速发展。因此，举办节事活动在全国形成了热潮，有的甚至成为一种政府显示政绩的"时尚"。

各地的节事活动虽然层出不穷，但也存在一些问题。综合分析，我国的节事活动中存在的问题主要有以下几个方面：①节事活动数量越来越多，但是有品牌知名度、国际影响力的却很少；②地理空间分布不均衡，东部沿海多，西部内陆少；③许多节事活动的主题低层次重复现象很多，差异化不明显；④大多数的节事活动政府涉入过多、过深、过细，不符合节事活动的运作规律；⑤节庆活动经济与文化结合的力度不够，文化内涵尚有待于挖掘。

【拓展视频】

 知识拓展

香 港 节 事

中国香港享有"亚洲盛事之都"的美誉，精彩节日及盛事包罗万象，从热闹缤纷的本土节庆活动、世界级的艺术文化节目，到国际级的体育盛事，精彩纷呈。此外，还有国际知名音乐人和本地流行歌手演出的音乐会，世界级的戏剧及舞蹈表演，实在令人目不暇接。以下是 2011 年下半年香港的部分活动安排。

2011 世界女子保龄球锦标赛(2011 年 9 月 1～11 日)：来自约 50 支国家队的 250 名职业女子保龄球手参加不同组别的赛事，您将有机会近距离一睹顶尖球手的精湛球技。

2011 香港钟表展(2011 年 9 月 7～11 日)：主要展区"品牌廊"于 9 月 11 日开放并允许公众参观。观众可于这个展现专利、原创品牌及设计师品牌的钟表展区，一睹最时尚的设计。

中秋节(2011 年 9 月 3～13 日)：在香港这个时尚都会欢度节庆，参观者能够在传统中感受新意。在长达 11 天的"香港中秋节"中，除了各区彩灯会，还有世界最大的彩灯展品耸立于维多利亚公园。

大坑舞火龙(2011 年 9 月 11～13 日)：中秋节期间，铜锣湾的大坑有一连三晚的传统舞火龙活动，居民会引领一条长 67 公尺(67 米)、插满线香的火龙在街道上飞舞翻腾，令平日宁静的大街小巷，变得非常热闹、火光闪动。

香港万圣狂欢月(2011 年 9 月 22 日～10 月 31 日)：各人气景点的万圣节活动和派对、商场的鬼魅布置和应节菜单，打造了一个搞鬼逗趣、狂欢尖叫的万圣节。

> 2011香港国际爵士音乐节(2011年9月25日~10月2日):这是爵士乐迷的佳音。超过300位来自世界各地的爵士乐手为观众带来了连串音乐会、工作坊及讲座等精彩节目。
>
> 2011香港六人板球赛(2011年10月28~30日):香港六人板球赛以狂野打法及速度见称,过程紧张刺激,扣人心弦。这一年,多位世界知名的顶级球员来港竞逐最高荣誉。
>
> 香港的节事活动丰富多元,包括艺术节、马拉松赛事和赛马活动等。无论是剧院常客、电影发烧友、长跑健儿,还是马迷,这里都能满足游客的要求。

8.2 节事营销的品牌与品牌竞争

8.2.1 节事品牌

品牌是给拥有者带来溢价、产生增值的一种无形的资产,它的载体是用来和其他竞争者的产品或劳务相区分的名称、术语、象征、记号、设计及其组合,增值的源泉来自于消费者心目中形成的关于其载体的印象。

节事品牌是节事主办者向所有参与者所展示的,用来帮助参与者识别某一节事产品的名称、标志和商标。它主要反映消费者对节事活动的感知和体验。它包括物质的体验,同时也包括精神的体验,它向活动参与者提供一种生活方式。一个节事品牌最持久的含义是它的价值、文化和个性。

品牌是现代节事活动的生命力所在。只有具有品牌价值的节事活动,才能在节事举办地成为新的地方特质文化沉淀下来。

8.2.2 节事营销品牌竞争战略

1．品牌竞争的定义

品牌竞争,即在满足消费者某种愿望的同种产品中不同品牌之间的竞争。在整个世界范围中,与经济发展相伴随的市场竞争体现在五个方面:产品竞争、技术竞争、资本竞争、品牌竞争和知识竞争。其中品牌竞争在20世纪后期最具有代表意义,它在一定程度上折射和包容了其他的竞争形态。因此在现代营销中,品牌竞争就成为一种具有典型意义的营销模式。当然品牌除了营销之外也是一种有效的管理工具,在这里对品牌的功能认识主要着眼于品牌竞争及其营销价值。

2．品牌竞争的特点

品牌竞争的特点主要是相对于其他几种竞争形态而言的,因此只有和其他的竞争形态有所比较,才有利于更深刻地认识品牌竞争。简而言之,品牌竞争特点主要体现在以下几个方面。

1)综合性

综合性可以从品牌竞争内容和品牌竞争表现两个方面来看。从内容看,品牌竞争涵盖了企业的产品开发、设计、生产、销售、服务,以及管理、技术、规模、价值观念、形象特征等多种因素。所谓品牌竞争实际上就是这些要素的竞争,只有当这些要素对品牌形成支持时,品牌形象才会丰满,品牌的竞争优势才可能体现。

例如,人们认可宝洁旗下的某些品牌,不仅是由于宝洁集团在产品方面表现出的出色优秀品质,还有宝洁集团对顾客反应的有效关注,通过长期宣传所形成的价值追求等。

2)文化性

文化性指品牌本身所附着的文化信息,是对某种社会情感诉求的反馈和表达。一般而言品牌的文化内涵直接表达了一种生活方式和生活态度,因此选择一种品牌,也就是选择一种情感体验和生活态度。正是品牌才使得产品这一物质形式有了一定的精神内涵,从本质上讲,品牌集中反映企业对产品的态度、对顾客的态度、对自身的态度及对社会的态度。例如,意大利的著名休闲品牌 DIESEL 定位于那些具有叛逆精神的青年一代,通过某种社会理念的表达努力实现品牌价值追求。

现代消费并不单纯停留在产品本身的物质层面,人们对品牌的选择就是对某种生活方式和生活态度的选择。从这点来看,品牌的文化意义还表现为品牌的社会信息可以帮助顾客实现一种情感体验、价值认同和社会识别。

3)形象化

品牌的形象化特征最为显著,这是由品牌本身所具有的符号所决定的。形象化不仅使品牌得到简单明确的区分,而且还生动地折射出了品牌不同的内涵。品牌的形象是以文字、图案、符号、产品外形和功能为载体,将其内涵与功能直接表现出来。

案例 8-1

可口可乐的形象设计

品牌形象是对品牌概念和品牌品质的浓缩。例如,可口可乐的斯宾塞体文字和红色图案,以及特别的瓶形设计,给人们留下鲜活的印象。可口可乐通过长期的品牌积累,形成了属于自己的文化品位,这种符号形态本身又附着了美国文化的隐喻,在接触这个品牌时可以感受到其强烈的感染力和传播效果。

4)稳定性

稳定性是针对品牌可以超越产品而存在这一特性而言的,品牌比产品的内容更加丰富。稳定性可以从产品和企业两方面着眼。就产品而言,通常情况下由于产品生命周期的原因,产品本身因为市场变化而不断更新调整,但是品牌却相对稳定。例如,宝洁公司的洗发品牌"海飞丝",最初定位去头屑,但是随着市场变化这个功能逐渐失去了优势,其品牌名称虽然仍旧是"海飞丝"。但是该品牌下的产品却在不断改变和丰富。因此产品的不断创新只是对品牌内容的丰富和充实,产品变化了但是品牌价值却不会随之消失。就企业而言,品牌是企业经营活动各个方面的高度概括和浓缩，其表现相对比较抽象，具有一般性和普遍性，因此也具有相对的稳定性。当然，任何稳定性都是相对而言的，没有一成不变的永恒品牌，品牌也必须随着社会和市场而发展，否则也将会被淘汰。

5）时尚性

品牌的文化意味和对市场的追随，在一定意义上决定了品牌的时尚性。时尚性具有很多的社会特征，有时候是一种品位的昭示，有时候是一种流行的追捧与追逐。人们通过品牌追求一种生活方式，而生活方式在很大程度上就是一种时尚的表达。

品牌时尚通常来自于品牌在社交中所传达的暗示，如拿一个"LV"的手包或者戴一块"劳力士"的手表，都可能被看作来自社会上层。有时候时尚也来自于人们对名牌的追捧，这是因为名牌本身就是一种具有流行色彩的社会定位，它能够引导某种社会情绪。人们通过对名牌的追捧，可以表达某种情感并宣泄内心的某种情绪。

3．节事活动的品牌化

【拓展案例】

节事活动的品牌化应做到以下几点：
(1) 明确品牌定位，着重挖掘节事的文化内涵。
(2) 强调个性化，坚持节事产品的独特性。
(3) 重视宣传推介，国际性是现代节事发展趋势之一。
(4) 创新节事主题和活动形式。只有不断创新，才能使节事活动变中出新。

案例 8-2

南宁国际民歌艺术节

南宁国际民歌艺术节的前身是创办于 1993 年的广西国际民歌节，1999 年正式改为现名，它由国家文化部社会文化图书馆司、国家民族事务委员会文化宣传司和南宁市人民政府联合主办，是一个融文化、旅游、经贸为一体的综合性大型节庆活动。艺术节的标志是一只飞翔的鸟(图 8.1)。该艺术节一年举办一次，举办地点定于广西壮族自治区首府南宁市。

图 8.1　艺术节标志

南宁国际民歌艺术节的宗旨是继承和弘扬壮族人民的文化艺术，加强与世界各民族文化的交流和发展。艺术节期间，国内著名艺术家、歌手及国外民间艺术家为观众带来精彩纷呈的民族文化节目演出。与民歌节同时举办的还有时装大赛、壮族节日联欢、全国少数民族孔雀奖声乐大赛、旅游美食节、广西山歌擂台赛及经贸洽谈会等活动。南宁国际民歌艺术节自举办以来，在国内外受到了广泛赞誉，影响力不断扩大。

(资料来源：http://baike.baidu.com/view/197004.htm)

8.3 节事营销的推介形式与活动创意

全国各地举办的节事活动很多，但真正做出特色和具有较高水平的并不多。节事属于典型的"眼球经济"产业。一个节事项目要获得成功，除了在活动项目策划和安排上要独具匠心外，在节事营销方面也非常强调要有开创性。

8.3.1 节事营销的推介形式

节事活动的最大特点就是具有很强的轰动效应。如果没有有效的营销手段，节事内容设计再好，没有人参与，活动也难以成功。常见的节事营销的推介形式有新闻推介、广告推介、事件推介、宣传品推介等。

1．新闻推介

作为节事活动组织者，必须高度重视与各类新闻媒体的合作，充分整合媒体资源。利用新闻媒体对节事进行宣传，扩大影响并促进招商。根据节事的性质，组织者可以选择与当地媒体、重要电视台、有影响力的报刊等合作。

新闻发布会是以记者为主要受众的信息发布活动。召开记者发布会是宣传的一种非常重要而且常见的形式。

【拓展视频】

案例 8-3

中国"俄罗斯旅游年"新闻发布会在京举办

2012 年中国"俄罗斯旅游年"开幕式 2012 年 3 月 23 日晚在北京国家大剧院举行。两国领导人、双方组委会成员及有关方面近 1 300 人出席会议。

中俄"旅游年"中方组委会秘书长、中国国家旅游局副局长祝善忠在发布会上介绍了中俄互办"旅游年"的背景和意义。他指出，举办中俄"旅游年"是继互办"国家年"及"语言年"之后，中俄两国举办的又一重大主题年活动，是发展中俄关系的一项重大举措。

祝善忠介绍，中国"俄罗斯旅游年"筹办工作进展顺利、活动丰富多彩。据统计，2012年中国"俄罗斯旅游年"期间，中方拟举办各类活动121项，其中，中央部门牵头组织的活动33项、省区市组织的活动88项。教育部策划了10余项教育交流活动；文化部推出各类中俄文化交流活动；卫生部策划举办"感受中医之旅"特色活动；广电总局牵头举办中俄电影分委会中国电影周，制作"旅游年"电视节目、宣传片和专题网站；体育总局拟举办第七届中俄青少年运动会；团中央拟举办中俄青年代表团互访、俄罗斯青年中国文化游学等系列活动。黑龙江在与国家旅游局成功举办中俄旅游年启动仪式的基础上，还将举办中俄导游大赛等42项活动；广东省拟组织"万人游俄罗斯"活动，并拟与俄罗斯对开旅游专列；内蒙古自治区将举办中俄蒙国际旅游节；北京、上海、河北、吉林、山东、海南、新疆等省区市都筹划了一批特色鲜明、形式多样的活动。

(资料来源：http://www.cntins.com/zx/jshd/201203/t69395.htm)

2．广告推介

广告推介是节事推介的重要手段。成功的广告推介在于创意。

广告是为了某种特定的需要，通过一定形式的媒体，公开而广泛地向公众传递信息的宣传手段。广告以传播媒介为标准可以分为报纸广告、杂志广告、电视广告、电影广告、网络广告、包装广告、广播广告、招贴广告、POP广告、交通广告、直邮广告、车体广告、门票广告等，但是节事活动的广告宣传前几项比较适合。

1) 报纸广告

报纸是以刊载新闻和时事评论为主的定期向公众发行的印刷出版物。它是大众传播的重要载体，具有反映和引导社会舆论的功能。

报纸广告的优点是可随时阅读，不受时间限制，不会像电视或电台节目一样错过指定时间播出的讯息；互相传阅，读者人数可以是印刷数的几倍；即使阅读或理解能力较低的人，亦可相应多耗时间，接收报纸的讯息；互联网崛起，电子版报纸的传阅力比传统印刷品报纸强。

报纸广告的缺点是受截稿及出版日期影响，不能提供最新资讯及即时更正讯息；纸张过多带来携带及传阅的不便；图片和文字与电视和电台的影音片段相比震撼力和感染力比较低。

2) 电视广告

电视是所有媒体中最家庭化的娱乐媒体，也是现代广告的主角。电视广告通过画面和声音吸引观众，使观众很直观地感受广告产品，引起消费兴趣。

电视广告的优点：通过画面与声音的结合，使产品由静态转为动态，直观效果强烈；通过产品演示，使顾客注意力集中；接受信息的人数相对较多。

电视广告的缺点：制作成本高，播放费用昂贵；顾客很难将它与一般的电视广告相区分；播放时间和次数有限，稍纵即逝。

3) 网络广告

网络广告就是在网络上做的广告，利用网站上的广告横幅、文本链接、多媒体的方法，在互联网刊登或发布广告，通过网络传递到互联网用户。与传统的四大传播媒体(报纸、杂志、电视、广播)广告及近来备受青睐的户外广告相比，网络广告具有得天独厚的优势，是现代营销媒体战略的重要组成部分。网络是一种全新的广告媒体，速度最快效果很理想，是中小企业扩展壮大的很好途径，对于广泛开展国际业务的公司更是如此。

【拓展视频】

网络广告的优点是覆盖面广，观众数目庞大，有最广阔的传播范围；不受时间限制，广告效果持久；方式灵活，互动性强；可以分类检索，广告针对性强；制作简捷，广告费用低；可以准确地统计受众数量。

网络广告也存在很多的缺点。如目前网络监管滞后，中国还没有专门的政府相关机构或专业的管理监督手段来对网络广告进行从制作到发布的全程透彻的跟踪和监控；网络的无序竞争；强迫性广告过多使得网民获得真正的信息需要耐心和时间；目前的网络广告大多是由网络技术人员来完成，受本身专业的限制，网络广告缺乏与营销、传播、美术设计等专业广告要素的契合，从而让网络广告的效果大打折扣；由于网络上传的方便灵活，会出现很多虚假、夸大广告，误导顾客。网民对网络广告的信任度低，结合以往的调查，尽管人们上网最为核心的是获取信息，但人们对网上信息的信任度远远达不到对电视台和书刊的信任度。

3．事件推介

事件推介往往能收到令人惊喜的效果。进行事件推介，关键是要有好的策划，安排合适的活动，吸引大众的注意与关注。例如，历届奥运会的火炬传递就是一个很成熟的"造势"活动。火炬传递到哪里，就把奥运精神传播到哪里，非常吸引大众眼球。

【拓展视频】

案例 8-4

奥运火炬传递——宣传造势效应

2012 年 5 月 17 日，伦敦奥运会火炬交接仪式在希腊雅典的泛雅典体育场举行。2 700 多年前，同样在这片土地上，奥运圣火熊熊燃烧，向希腊神话中为人类盗来天火的普罗米修斯致敬。奥运火炬的历史与奥运圣火同样久远，如今，它不仅是传递圣火的载体，还成为凝聚奥运举办国历史文化特色与科技实力的缩影。

第一位点燃奥运圣火的火炬手：公元前 778 年，在第一届古代奥运会上，一位运动员从大祭司手中接过火炬点燃圣火，那时只有在赛跑比赛中跑得最快的选手才有资格获此殊荣。

现代奥运会第一次圣火传递活动：1936 年柏林奥运会首次举办了圣火传递活动。圣火传递共经过了七个国家，共有 3 361 名火炬手参与。

首位点燃奥运圣火的女火炬手：1968 年墨西哥奥运会，20 岁的女田径选手恩里克塔·巴西利奥(Enliketa Basilio)成为奥运史上第一位点燃奥林匹克体育场圣火的女性。

奥运圣火第一次实现全球传递：2004 年雅典奥运会，奥运圣火首次经过所有夏季奥运会的主办城市，首次到达非洲和南美洲，首次经过奥运五环象征的五大洲。

奥运圣火第一次登上世界之巅：2008 年北京奥运会，当年的 5 月 18 日 9 点 17 分，中国藏族女登山运动员次仁旺姆站在珠穆朗玛顶峰高举起"祥云"火炬，向全世界昭示奥运圣火登上世界之巅。

(资料来源：http://2012.sohu.com/20120518/n343532286.shtml)

4．宣传品推介

宣传品推介是通过印刷品、纪念品、光盘等手段进行传播。能承载大量节事信息，通过向目标受众广泛派发，起到一定的宣传作用。

案例 8-5

海宝——2010 年上海世博会吉祥物

2007 年 12 月 18 日晚上 8 点，万众瞩目的 2010 年上海世博会吉祥物"海宝"终于掀开了神秘面纱，蓝色"人"字的可爱造型让所有人耳目一新。海宝以汉字"人"字为核心创意，配以代表生命和活力的海蓝色。它的欢笑展示着中国积极乐观、健康向上的精神面貌；它挺胸抬头的动作和双手的配合，显示着包容和热情；它翘起的大拇指，是对来自世界各地的朋友发出的真诚邀请，充分体现出"城市，让生活更美好"的主题。

【拓展视频】

"海宝"是上海世博会主题演绎的形象载体和视觉标志，与历届世博会或其他国际大型活动已有的吉祥物形象在主题表现、造型设计等方面有明显区别。通过创意提炼、造型设计、理念阐述、性格设定、动作演绎等手段，"海宝"充分表达上海世博会"城市，让生活更美好"的主题。通过"海宝"形象生动地演绎了城市、城市人之间的互动关系，深刻表达了足迹、梦想之间的内在关联。其设计思路和理念清晰而独特，契合主题且易于为广大受众所理解，具有产品衍生和开发的价值，同时起到了很好的宣传效果和作用。

8.3.2 节事营销的活动创意

节事是创意产品，节事营销也非常讲究创意。一个好的创意就是能设计出让观众兴奋的事件。

案例 8-6

2016 青岛国际帆船周海洋节

半岛网 7 月 19 日消息 7 月 19 日上午 10 点，2016 青岛国际帆船周海洋节新闻发布会在青岛国际新闻中心举行。新闻发布会上介绍，作为青岛打造"帆船之都"城市品牌、开发建设 21 世纪海上丝绸之路休闲体育发展带的重要载体——2016 第八届青岛国际帆船周海洋节将于 8 月 5 日至 14 日在青岛奥林匹克帆船中心举办。

主题鲜明，重点突出四大看点

青岛市体育局副局长徐仲伟在新闻发布会上介绍，2016 第八届青岛国际帆船周海洋节以"帆船之都助推城市蓝色跨越"为主题，以帆船运动等航海休闲体育项目为载体，以国际帆船赛事和奥帆文化交流为核心，突出国际性、开放性和市民参与性，将践行"创新、协调、绿色、开放、共享"五大发展理念贯穿到赛会筹办全过程，涵盖帆船普及、海洋人文科技、帆船文化交流、旅游商贸休闲等板块，助推青岛体育产业转型升级，着力培育融蓝色经济、海上运动、海洋文化旅游、海洋科技、节能环保于一体的海洋盛会。

今年帆船周海洋节突出四大看点：一是奥运元素更为浓厚，致敬里约奥运盛会。二是全民赛会全民共享，帆船赛事全域统筹。三是开放优势更加突出，国际合作成为主流。四是产业融合全面发力，溢出效应更为明显。以重大赛事活动为依托，推出的7大板块、30余项活动，诚邀海内外宾朋共享夏日青岛蓝色盛宴，推动青岛在服务国家战略的过程中干在实处、走在前列，为打造海洋强市、建设蓝色经济领军城市、开发建设21世纪海上丝绸之路休闲体育发展带做出积极贡献。

创新发展，继续办好三大传统赛事和新兴赛事。

今年，青岛市将继续举办2016"市长杯"国际帆船绕岛赛、2016青岛国际帆船赛、2016青岛国际OP帆船营暨帆船赛三大本土自主品牌赛事。

国际交流，推动海上丝绸之路休闲体育发展带建设

奥运元素，举行特色活动纪念奥运八周年

全民共享，构建青岛特色健身路径

全域统筹，推动各项业态资源协调发展

青岛国际帆船周海洋节是一场海上运动的盛会，更是一场海洋文化与旅游展示的盛会。一方面，设立西海岸新区、胶州湾欢乐滨海城、青岛国家高新技术产业开发区三个分会场，实现帆船运动在空间布局上的东展、西进和北拓。以东部老城区为核心，向西海岸、胶州湾两翼轴带展开。

其中，西海岸新区分会场侧重与青岛国际啤酒节关联互动、帆船文化推广，重点开展纪念奥运八周年、西海岸帆船音乐节等活动；胶州湾欢乐滨海城分会场侧重青少年帆船普及等活动；青岛国家高新技术产业开发区侧重动力伞表演等文化活动组织、品牌宣传推介。

另外，多产业深度融合迈出新步伐，助推体育产业供给侧改革全面发力。海洋休闲旅游和科技人文板块，继续推出金牌节会旅游主题日暨帆船周海洋节、啤酒节双节互动活动。以青岛旅游集团为主体，推出"青岛经典"精品旅游展会，举行夜游三湾、《海洋文化国学

六艺》公益专场演出、2016 世界超级模特环球大赛等活动，融入海洋科技元素，将奥帆中心打造成夏日青岛高端休闲旅游目的地。

案例 8-7

2016 第 19 届上海国际电影节主要活动

上海国际电影节(Shanghai International Film Festival)创办于 1993 年，是当今世界 9 大 A 类竞赛型国际电影节活动之一，中国第一个获国际电影制片人协会认可的全球 15 个国际 A 类电影节之一。上海国际电影节由上海市政府主办，上海国际电影节组织委员会承办，是一个获得国际电影节联盟承认的，和戛纳国际电影节、威尼斯国际电影节、柏林国际电影节等著名电影节齐名的电影节。

第 19 届上海国际电影节主要活动安排

日　期	时　间	活 动 名 称	地　点
2016-6-10	11:00～21:00	"创·视纪"——VR 乐园	上海环球港
2016-6-11	09:00～11:30	2016 中外影视译制合作国际专家座谈会	上海电影博物馆 5 号棚
2016-6-11	11:00～21:00	"创·视纪"——VR 乐园	上海环球港
2016-6-12	09:00～12:00	第三届全球电影产业链发展论坛	上海戏剧学院
2016-6-12	10:00～12:00	电影项目创投"青年电影计划"公开陈述 A	上海展览中心 中央大厅北
2016-6-12	10:00～12:00	市场活动：新片场影业战略发布会	上海展览中心 西二馆三楼 6304 室
2016-6-12	13:00～14:00	全球 5 亿互联网电视家庭院线一站式解决方案	上海银星皇冠假日酒店碧玉 1 厅/碧玉 2 厅

续表

日期	时间	活动名称	地点
2016-6-12	14:00～15:00	想象力Max——2016百年影业战略发布	上海四季酒店 大宴会厅1
2016-6-12	14:30～15:30	CJ中韩电影合拍片项目新闻发布会暨签约仪式	中华艺术宫
2016-6-12	16:00～18:00	台湾电影推介会	上海银星皇冠假日酒店 银星厅
2016-6-12	16:30～17:00	"聚焦德国"新闻发布会	上海银星皇冠假日酒店 碧玉厅
2016-6-13	10:00～11:00	市场活动：好故事到好电影——豆瓣阅读如何从创作者群体出发撬动电影项目	上海展览中心 西二馆三楼6304室
2016-6-13	10:00～12:00	市场活动：南兹电影论坛——电影及相关产业跨境合作与互动交流峰会	上海展览中心 西二馆三楼6306室
2016-6-13	10:00～12:00	电影论坛：票房即将"超美"，成为老大还差几件事	上海银星皇冠假日酒店 金爵厅
2016-6-13	10:00～12:00	市场活动：2016—2017年天籁影视"J"计划发布会	上海展览中心 中央大厅
2016-6-13	14:00～16:00	市场活动：君合影视法律论坛	上海展览中心 西二馆三楼6306室
2016-6-13	14:00～17:00	市场活动：互联网影视产业新篇章——行业论坛暨《玄笔录前传》启动发布会	上海展览中心 中央大厅
2016-6-13	14:00～17:00	VR虚拟现实峰会	海上国际影城环球港店七厅
2016-6-13	14:30～16:30	市场活动：创艺之心，聚匠之影——文心创影电影服务平台中外战略合作发布会	上海展览中心 西二馆三楼6304室
2016-6-13	19:30～21:30	喜天之夜(酒会)	上海斯沃琪和平饭店艺术中心
2016-6-14	10:00～12:00	市场活动：好莱坞创意论坛：为全球观众写故事	上海展览中心 西二馆三楼6304室
2016-6-14	10:00～12:00	电影论坛：一带一路·世界电影	上海银星皇冠假日酒店 金爵厅
2016-6-14	10:00～17:00	互联网电影上海高峰会	上海跨国采购会展中心三楼多功能厅
2016-6-14	14:00～16:00	市场活动：《拇指熊卜达》动画大电影项目启动发布会	上海展览中心 西二馆三楼6304室
2016-6-14	14:00～16:00	电影论坛：华语电影风向标之影游互生——如何实现内容共赢	上海展览中心 中央大厅
2016-6-14	14:00～16:30	SMG：改变传播公益的姿态——公益广告的理念与模式创新高峰论坛	广电大厦 4楼演播厅
2016-6-14	14:30～15:30	市场活动：技术讲座：《电影虚拟拍摄技术》	上海展览中心 西二馆三楼6306室

续表

日 期	时 间	活动名称	地 点
2016-6-15	11:30～12:30	泛娱乐生态化整合运营——2016 派格传媒(影业)战略发布会	上海银星皇冠假日酒店 银星1厅/银星2厅
2016-6-15	13:30～16:30	互联网+影视产业投资跨界峰会	上海跨国采购会展中心 三楼多功能厅
2016-6-16	13:00～15:00	金爵论坛：互联网+电影新生态——共生·共享·共赢	上海银星皇冠假日酒店 金爵厅
2016-6-17	10:30～11:30	第三届丝绸之路国际电影节新闻发布会	上海银星皇冠假日酒店 碧玉1厅/碧玉2厅

案例 8-8

2012 园博苑灯光文化旅游节

2012 园博苑灯光文化旅游节于 2012 年 9 月 20 日开始正式亮灯迎接八方来客。此次旅游节由厦门市政园林局和集美区人民政府、厦门日报社联合主办。除了新颖的灯光艺术将打造光与影的梦幻世界，主办方还精心组织了七大主要配套活动，并在 2012 园博苑灯光文化旅游节期间一一登台亮相。

1. 四城博饼大赛促进文化交流

同城化的主题始终贯穿 2012 园博苑灯光文化旅游节，除了上演 3D 灯光秀这一精彩绝伦的灯光盛宴，主办方还着力打造了"厦漳泉龙"大型同城博饼大赛、2012 四城同乐大型中秋晚会和"厦漳泉龙"大型单身交友相亲会三场主要的大型配套活动。

中秋博饼是厦门的特色民俗活动，随着厦门与周边人口流动的日益频繁，周边的漳州、泉州、龙岩等城市的一些企业近几年也开始有了博饼活动。"厦漳泉龙"大型同城博饼大赛扩展至漳州、泉州、龙岩三地，在三地举行落地博饼，各地初赛产生的幸运儿晋级当地复赛，而最终复赛状元也于 2012 年 10 月 1 日齐聚厦门园博苑进行状元王中王终极赛。

一场以"四城同庆，情满中秋"为主题的中秋晚会也在园博苑园博广场大舞台上演。晚会通过鼓乐、月圆、花好、欢聚等多个篇章，计游客度过了一个温馨喜庆的夜晚。

灯光节期间，"厦漳泉龙"大型单身交友相亲会齐聚四地的优质男女，为四地单身青年提供了一个沟通交友的平台，将园博苑营造成浪漫的"情侣园"。

2. 文明小博客畅游快乐天堂

作为厦门网的品牌频道，灯光节期间，文明小博客也为小博友和家长们量身打造了系列互动活动，组织文明小博客参加儿童万人画卷涂鸦、汽车彩绘活动展，让小博友们在畅游园博苑灯海、花海的同时，能够参与到多姿多彩的趣味活动当中来。

此外，主题秋令营、博客大赛等活动也在灯光节期间举行，小博友们除了可以参观园博苑文明小博客科普教育基地，还可当一回小记者，进行现场采写报道。

3. 摄影采风团以画面铭记精彩

除了"厦漳泉龙"大型同城博饼大赛、2012四城同乐大型中秋晚会和"厦漳泉龙"大型单身交友相亲会这三大配套活动，摄影采风团是由始至终贯穿着同城化这一主题的又一主要配套活动。

灯光节期间，"厦漳泉龙"及外地游客、摄影爱好者均可参加首届厦门灯光文化旅游节摄影展系列互动活动，活动设有随手拍、找茬活动、摄影采风团等，活动之后作者可把作品上传至厦门网"2012园博苑灯光文化旅游节"摄影展页面用于网上展示、园博苑现场展示、报纸展示等。

4. 创意文化节文创作品助阵灯光节

第五届集美创意文化节是2012园博苑灯光文化旅游节又一大型配套活动。

在800平方米的园博苑主展厅，集合百部国内大学生优秀作品的动画展及艺术展已于2012年10月与市民游客见面。除了艺术作品展，现场音乐会、创意集市、街舞大赛等活动也在第五届集美创意文化节期间举行。创意集市配合现场音乐会举办，还邀请了本土和外地的创意达人共同参与。

5. 花海韵味深，赏灯赏花享天籁

为了配合2012园博苑灯光文化旅游节，园博苑还将在园区主展岛西半园举办向日葵花展，花展面积达11 111平方米，共展出了22个品种的向日葵，除了黄色、红色、淡绿色普通品种外，还有暗红色花瓣的向日葵——红柠檬。根据不同品种花期的不同，市民与游客既可观花又可观果。

除了几大配套活动精彩不断，主办方还贴心地开辟了红酒区、啤酒区、美食区等配套专区，市民与游客在赏灯之余，也可到感兴趣的主题专区歇歇脚，品一品风情万种的灯光文化旅游节。

（资料来源：http://www.xiamentour.com/gonglue/xiamen/1554.html）

思考与练习

（一）名词解释

节事　品牌

（二）填空题

1. 节事活动常见的营销形式有_____、_____、_____和_____等。
2. 品牌竞争特点主要体现在：_____、_____、_____、_____和_____五个方面。

（三）简答题

1. 简述节事活动的内涵和特点。

2. 简述节事营销常见的形式。

(四) 实训项目

我国中小城市举办各类节庆活动较多，选择一个有代表性的节庆活动方案，制定相应的营销策略。

实训目的：使学生了解节事活动的类型、特点及其作用。

掌握节庆活动的定位原则与策略。

实训要求：制定的营销策略要有针对性，可行性、可参与性。

小组合作完成。

资料收集并整理成 PPT 进行讲解。

参 考 文 献

[1] 杨顺勇，丁萍萍．会展营销[M]．北京：化学工业出版社，2009．
[2] 贺学良．会展营销[M]．2版．北京：高等教育出版社，2004．
[3] 刘大可．会展营销教材[M]．北京：高等教育出版社，2006．
[4] 雷鹏，王晶，杨顺勇．会展案例与分析[M]．北京：化学工业出版社，2009．
[5] [美]菲利普·科特勒．市场营销管理[M]．亚洲版·上．洪瑞云，梁绍明，陈振忠，译．北京：中国人民大学出版社，1997．
[6] [美]菲利普·科特勒．市场营销管理[M]．亚洲版·下．洪瑞云，梁绍明，陈振忠，译．北京：中国人民大学出版社，1997．
[7] 周爱国．会展营销[M]．北京：电子工业出版社，2007．
[8] 胡平．会展营销[M]．上海：复旦大学出版社，2005．
[9] [美]小伦纳德·霍伊尔．会展与节事营销[M]．陈怡宁，等译．北京：电子工业出版社，2003．
[10] 沈丹阳．"十五"期间中国展览业发展报告[M]．北京：经济日报出版社，2007．
[11] 刘大可．会展经济理论与实务[M]．北京：首都经济贸易大学出版社，2006．
[12] 张金祥．会展营销[M]．大连：大连理工大学出版社，2010．
[13] 黎春红．会展案例分析[M]．大连：大连理工大学出版社，2010．
[14] 韦晓军，玉晓新．会展综合实训教程[M]．大连：大连理工大学出版社，2013．

北京大学出版社高职高专旅游系列规划教材

序号	标准书号	书名	主编	定价	出版年份	配套情况
1	978-7-301-27467-5	客房运行与管理(第2版)	孙亮	36	2016	电子课件，习题答案
2	978-7-301-19184-2	酒店情景英语	魏新民，申延子	28	2011	电子课件
3	978-7-301-27611-2	餐饮运行与管理(第2版)	王敏	38	2016	电子课件，习题答案
4	978-7-301-19306-8	景区导游	陆霞，郭海胜	32	2011	电子课件
5	978-7-301-18986-3	导游英语	王堃	30	2011	电子课件，光盘
6	978-7-301-19029-6	品牌酒店英语面试培训教程	王志玉	22	2011	电子课件
7	978-7-301-19955-8	酒店经济法律理论与实务	钱丽玲	32	2012	电子课件
8	978-7-301-19932-9	旅游法规案例教程	王志雄	36	2012	电子课件
9	978-7-301-20477-1	旅游资源与开发	冯小叶	37	2012	电子课件
10	978-7-301-20459-7	模拟导游实务	王延君	25	2012	电子课件
11	978-7-301-20478-8	酒店财务管理	左桂谔	41	2012	电子课件
12	978-7-301-20566-2	调酒与酒吧管理	单铭磊	43	2012	电子课件
13	978-7-301-20652-2	导游业务规程与技巧	叶娅丽	31	2012	电子课件
14	978-7-301-21137-3	旅游法规实用教程	周葳	31	2012	电子课件
15	978-7-301-21559-3	饭店管理实务	金丽娟	37	2013	电子课件
16	978-7-301-27841-3	酒店情景英语(第2版)	高文知	34	2017	电子课件
17	978-7-301-28003-4	会展概论(第2版)	徐静，高跃	34	2017	电子课件，习题答案
18	978-7-301-22316-1	旅行社经营实务	吴丽云，刘洁	28	2013	电子课件
19	978-7-301-22349-9	会展英语	李世平	28	2013	电子课件，mp3
20	978-7-301-22777-0	酒店前厅经营与管理	李俊	28	2013	电子课件
21	978-7-301-28186-4	会展营销（第2版）	谢红芹	28	2017	电子课件
22	978-7-301-22778-7	旅行社计调实务	叶娅丽，陈学春	35	2013	电子课件
23	978-7-301-23013-8	中国旅游地理	于春雨	37	2013	电子课件
24	978-7-301-23072-5	旅游心理学	高跃	30	2013	电子课件
25	978-7-301-23210-1	旅游文学	吉凤娟	28	2013	电子课件
26	978-7-301-23143-2	餐饮经营与管理	钱丽娟	38	2013	电子课件
27	978-7-301-23232-3	旅游景区管理	肖鸿燊	38	2014	电子课件
28	978-7-301-24102-8	中国旅游文化	崔益红，韩宁	32	2014	电子课件
29	978-7-301-24396-1	会展策划	高跃	28	2014	电子课件，习题答案
30	978-7-301-24441-8	前厅客房部运行与管理	花立明，张艳平	40	2014	电子课件，习题答案
31	978-7-301-24436-4	饭店管理概论	李俊	33	2014	电子课件，习题答案
32	978-7-301-24478-4	旅游行业礼仪实训教程(第2版)	李丽	40	2014	电子课件
33	978-7-301-24481-4	酒店信息化与电子商务(第2版)	袁宇杰	26	2014	电子课件，习题答案
34	978-7-301-24477-7	酒店市场营销(第2版)	赵伟丽，魏新民	40	2014	电子课件
35	978-7-301-24629-0	旅游英语	张玉菲，谷丽丽	30	2014	电子课件
36	978-7-301-24993-2	营养配餐与养生指导	卢亚萍	26	2014	电子课件
37	978-7-301-24883-6	旅游客源国概况	金丽娟	37	2015	电子课件
38	978-7-301-25226-0	中华美食与文化	刘居超	32	2015	电子课件
39	978-7-301-25563-6	现代酒店实用英语教程	张晓辉	28	2015	电子课件，习题答案
40	978-7-301-25572-8	茶文化与茶艺（第2版）	王莎莎	38	2015	电子课件，光盘
41	978-7-301-25720-3	旅游市场营销	刘长英	31	2015	电子课件，习题答案
42	978-7-301-25898-9	会展概论（第2版）	崔益红	32	2015	电子课件
43	978-7-301-25845-3	康乐服务与管理	杨华	35	2015	电子课件
44	978-7-301-26074-6	前厅服务与管理（第2版）	黄志刚	28	2015	电子课件
45	978-7-301-26221-4	烹饪营养与配餐	程小华	41	2015	电子课件，习题答案
46	978-7-301-27139-1	宴会设计与统筹	王敏	29	2016	电子课件

如您需要更多教学资源如电子课件、电子样章、习题答案等，请登录北京大学出版社第六事业部官网www.pup6.cn 搜索下载。

如您需要浏览更多专业教材，请扫下面的二维码，关注北京大学出版社第六事业部官方微信（微信号：pup6book），随时查询专业教材、浏览教材目录、内容简介等信息，并可在线申请纸质样书用于教学。

感谢您使用我们的教材，欢迎您随时与我们联系，我们将及时做好全方位的服务。联系方式：010-62750667，37370364@qq.com，pup_6@163.com，lihu80@163.com，欢迎来电来信。客户服务QQ号：1292552107，欢迎随时咨询。